U0742947

逆势增长的
商业模式

重 塑 增 长 的 路 径
重 启 发 展 的 战 略

石泽杰 著

电子工业出版社
Publishing House of Electronics Industry
北京 · BEIJING

图书在版编目（CIP）数据

逆势增长的商业模式/石泽杰著. —北京：电子工业出版社，2020.10

ISBN 978-7-121-39675-5

Ⅰ. ①逆… Ⅱ. ①石… Ⅲ. ①企业管理－商业模式－研究 Ⅳ. ①F272

中国版本图书馆CIP数据核字（2020）第183274号

责任编辑：张振宇

印　　刷：中煤（北京）印务有限公司

装　　订：中煤（北京）印务有限公司

出版发行：电子工业出版社

　　　　　北京市海淀区万寿路173信箱　　邮编：100036

开　　本：700×1000　1/16　印张：17.75　字数：247千字

版　　次：2020年10月第1版

印　　次：2025年11月第4次印刷

定　　价：68.00元

凡所购买电子工业出版社图书有缺损问题，请向购买书店调换。若书店售缺，请与本社发行部联系，联系及邮购电话：（010）88254888，88258888。

质量投诉请发邮件至zlts@phei.com.cn，盗版侵权举报请发邮件至dbqq@phei.com.cn。

本书咨询联系方式：（010）88254210，influence@phei.com.cn，微信号：yingxianglibook。

要聊这本书，可以先从今年我自身的行业经历讲起。

一场疫情将很多企业打入了"寒冬"，各行各业都在探索逆境下的新模式，其中当然也包括我所在的房地产经纪行业。

但正像我在 2020 年年初面对经纪人的直播中所讲的那样，伴随着科技进步、产业升维，虽然今年的疫情是一只巨大的黑天鹅，但同样也面临着新的机会，能否抓住机遇，实现弯道超车，是摆在每个人面前的崭新考卷，也是每个企业要思考的课题。

本书将逆势增长这件事剖析的十分通透，为我们提供了明确的思路和大量的案例。不论任何行业，让公司的商业模式不断适应迅速变化的环境，对公司的成长都起着决定性的作用。

本书列出了帮助企业走出逆境的有效方法，并且详细介绍了可在未来几年为企业带来逆势增长的 8 大商业模式，企业家们可以通过学习这 8 种商业模式来塑造企业未来增长的路径。

逆势之下，市场竞争更加激烈，每个企业处在一个市场中的什么位置？依然以我所在的行业为例。坦白讲，这里每一个小的企业都会非常有危机感，他们还处在最初期的发展阶段，随着企业的不断发展和壮大，会进入到竞争地图当中的腰部企业，所以能不能"顺势而为、逆势也有所为"则显得至关重要。

作者在书中强调，随着企业发展，要以新的思维打造新的增长路径，重新定义企业价值，从而在经济下行时实现逆势增长。本书中引用案例上百，将互联网时代的创新思维和方法进行了全面剖析，不仅有深入系统的分析和实证研究，还提供了可供实战操作的策略方法。

我们处在一个瞬息万变的环境中，对企业而言，顾客在变，供应商在变，竞争对手在变，企业为了持续生存，就必须不断改变自己的商业模式，以全新的思维和视野来规划战略。本书恰好能够让经营者在快速变化的市场中找到应对的最佳系统方式。

——贝壳找房副总裁，德佑（中国）总经理 刘勇

传统企业如何实现逆势增长

2020 年春节，突如其来的新冠肺炎疫情，让很多企业措手不及，人们在惶恐和不安中期待黎明的尽快到来。这场新冠肺炎疫情与 2003 年的非典疫情有着很大的不同，首先是对服务业的冲击，2003 年时，服务业占据我国 GDP 的比重还没有今天这么高，据统计，2019 年服务业已经占 GDP 的 50% 以上，因此，这场疫情对很多服务业的影响是致命的；其次是这场疫情已经造成了全球性的灾难，使已经疲软的全球经济雪上加霜。

如何渡过这场疫情危机，是所有企业迫切需要解决的问题。但是，我们需要清醒地认识到，这场疫情总有过去时，而"危机"却是常有的，任何企业的发展史都是一部危机管理史，竞争过度、市场饱和、利润微薄、发展失速都是企业面临的"常态危机"。短暂的"危机"不可怕，可怕的是常态的"危机"。当前，企业之间的竞争已经进入了新的维度，网络化、数字化、移动化、智能化是企业的核心，人们形容当前是"百年之未有的大变局"。我们需要重新审视"企业活法"，重新构建"经营逻辑"，重新定义"商业价值"，因为沿着"老思路"，是得不到"新成果"的。

那么如何理解当前企业的生存逻辑？我们不妨从以下几个维度来入手。

第一，产品不再是企业竞争的核心。过去的市场竞争以产品为导向，

企业只要能够生产出好的产品，通过遍布线下的渠道覆盖，再利用传统媒体进行广告传播，自然能够在销售产品的过程中收获利润。而如今，大部分产品的市场极度饱和，传统渠道在互联网的冲击下失去了优势，传统媒体广告很难继续发挥以往的作用，产品已经由企业竞争的关键性要素变成了基础性要素。

第二，企业发展的逻辑发生了变化。企业发展的逻辑在工业时代和互联网时代是完全不同的，工业时代下，企业的发展逻辑是封闭式研发，交由工厂进行批量生产，再通过渠道进行分销，继而实现产品的规模化生产以满足消费者的需求，企业比拼的是运营效率和市场覆盖率；互联网时代下，企业的发展逻辑则变成了逆向思维，深度理解市场变化，满足个性化的客户需求，开放式整合资源，企业比拼的是应对市场的速度和客户价值实现。

第三，企业的边界已经彻底消失。行业界体变得越来越模糊，市场已经进入了无边界竞争。高德公司并不只做导航，还做打车；阿里巴巴公司并不只做电商，还做银行；小米公司不只做手机，还卖电视、空调、笔记本、净水器、电饭煲、剃须刀。互联网时代的企业不再沉湎于单一的业务，而是依托于大数据，不断满足客户的各种需求。

第四，数据将是企业生存的土壤。互联网时代，最值钱的不再是渠道和代理，而是终端的用户数据，谁拥有的终端用户数据的量越大，谁就能够更精准地分析市场需求，进而满足需求，与用户产生源源不断的连接。拼多多、云集能够创办三年上市，靠的就是大量用户数据的累计。传统企业的"客户档案"是沉默的，很难产生价值，而"用户数据"是"活的"、能够带来源源不断的价值。

第五，平台化生存。企业未来主要的形态就是"平台"，平台化生存的关键是以行业的视角，从产业链的角度，保持开放的形态进行资源整合。传统的竞争追求的是技术领先、产品过硬，而平台型企业追求的则是服务和效率。

第六，"产业链竞争"变成"价值网协同共生"。过去的竞争是指一个企业所在的产业链与另一个企业所在的产业链之间的竞争，企业之间的竞争停留在效率层面而不是价值层面。而进入互联网时代，企业进入了网络化的结构体系之中，企业不再以单一个体的形式进行封闭运作，而是依靠各个合作伙伴的协作，共生共赢，共同创造价值。小米公司的生态体系就是基于开放的平台，依靠各个外在伙伴的协作来完成高速发展。

第七，转型升级，组织变革。一方面，企业需要继续做透原有核心业务；另一方面，企业要超越原有核心业务，进行升级转型，拓展新的业务空间。同时，企业的组织采购也要进行变革，改变经营理念、工作方式，设立新的组织模式，不断根据市场环境和企业战略来整合、调整企业架构，用灵活的组织采购来应对竞争。

第八，商业模式创新是实现企业竞争的关键。企业间的竞争归根结底是商业模式之间的竞争，没有传统的市场和传统的行业，只有传统的商业模式。过去两年时间里，上市的拼多多、云集、三只松鼠等公司，都是用互联网创新模式改造的传统产业。

综上所述，市场环境变得越来越复杂，但同时又遍布着企业发展的新机遇。没有永恒的企业，只有时代的企业，无论是企业还是个人，都必须不断地挑战自我、战胜自我，跟上时代的步伐，才能生存。

我从事企业战略、商业模式创新、传统企业转型升级咨询和研究工作已有十多年时间，针对性咨询辅导的企业有几百家。我将自己的咨询和研究形成的认知，撰写成册，希望和各位读者交流、探讨企业如何在互联网时代进行思维改变，以获得持续发展的动力。

石泽杰

2020 年 6 月

没有赚不到钱的行业

只有赚不到钱的模式

目录

中篇
逆势而上

下篇

创新永生

上篇
破局突围

1　改变创新维度才能破局突围

2　危机之下企业创新的逆向逻辑

3　逆境之中企业变革的跨界新物种

4　重启增长的按钮：既要顺势而为也逆势发展

5　传统制造业如何找到逆势增长的路径

6　传统经销商如何破解逆势发展的密码

第一章　改变创新维度才能破局突围

任何时候，企业都要具有危机意识，因为危机存在于企业发展的每一个阶段。企业化解危机的办法，除短期内解决销售和现金流问题外，更多的是要思考长期的战略问题，只有这样，企业在面对每一个危机时才能游刃有余。特别是在市场饱和的今天，产品和技术已经由企业竞争的关键性要素变成了基础性要素，技术和信息的发展使产品模仿变得非常简单，产品壁垒越来越低。纵观每个行业的前沿企业，它们不仅在产品和技术方面处于领先地位，而且更重要的是，它们成功地进行了商业模式的构造和全新竞争体系的建立。因此，我们必须清楚地意识到，在当今互联网时代，企业之间的竞争，必须从产品层面进入到商业模式层面。

游戏规则已经改变，增长方式必须重启

产品的竞争，其着力点是产品研发、制造，以及产品功能对消费者一般需求的满足，是从企业自身的核心能力、资产、原材料、产品生产及销售等方面逐步展开的。商业模式的竞争，其着力点则是突破产品功能本身，围绕消费者的精准需求，为其交付最大化的价值。

如今，有好产品的企业未必是最赚钱的企业，没有产品的企业却往往是行业获益者。阿里巴巴平台、京东平台、滴滴平台、美团平台、拼多多平台等都没有自己的产品，这些企业的商业模式值得所有企业学习和借鉴。早在多年之前，马云就说道："我不懂互联网，思考的只是商业

模式"。小米公司的成功也是基于"硬件＋新零售＋互联网服务"的商业模式。以插座为例，在小米公司推出插座产品之前，公牛公司已经是该行业老大，公牛公司依靠大量的传统线下渠道商布局市场，获得了独特的优势。如果小米公司仅仅拼产品质量、品牌知名度，那么无论如何也无法超越公牛公司。但是小米公司"超高设计感的产品＋超多流量＋超低价格"的商业模式，让其插座产品迅速占领了市场。

总之，**各个行业的游戏规则正在不断改写，新的经营形态也在不断涌现，商业模式创新能力已成为决定企业生存和发展关键的能力。商业模式创新已成为企业经营的核心和基础！**

- 当今企业之间的竞争，不是产品和技术之间的竞争，而是商业模式之间的竞争。
- 60% 以上世界五百强企业高管认为，商业模式创新比产品和服务创新更为重要。
- 商业模式创新比产品创新、技术创新获得的利润平均高四倍！
- 没有商业模式的企业很难做大做强。

企业创新的内涵发生了变化

进入互联网时代，市场环境发生了翻天覆地的变化，企业的经营规则和商业模式创新的内涵也随之发生了变化。

迈克尔·波特的竞争战略有三个维度。第一个维度是"差异化战略"，即要求企业提供与众不同的产品而获取溢价。在过去，很多企业都取得了差异化的成功，如宝洁公司。第二个维度是"成本领先战略"，即要求企业优化产品效率，以低于竞争对手的价格销售产品而获得利润，如格兰仕公司。第三个维度是"专一化战略"，即要求企业着重针对某一细分市场提供卓越的服务而获得盈利。企业只要采取以上战略维度中的一种，并且也只能采取一种，就能获得发展的机会。而今天，非常多的互联网创新企业完全颠覆了以上的战略维度，它们的产品不赚钱，用户甚至可以免费使用。近年来，很多成功的企业也并非聚焦于某一市场，而是构建了一个生态体系，涉足了非常多的看起来并不相关的业务领域。

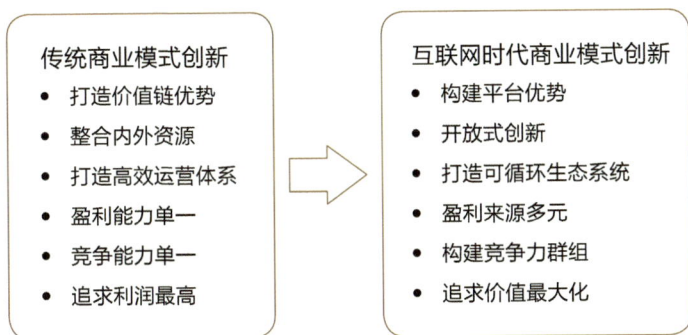

传统商业模式创新	互联网时代商业模式创新
• 打造价值链优势	• 构建平台优势
• 整合内外资源	• 开放式创新
• 打造高效运营体系	• 打造可循环生态系统
• 盈利能力单一	• 盈利来源多元
• 竞争能力单一	• 构建竞争力群组
• 追求利润最高	• 追求价值最大化

商业模式创新的内涵变化

可以把商业模式创新分为两个阶段，来比较一下这两个阶段的内涵变化第一阶段是"传统商业模式创新"阶段。这个阶段是在互联网没有普及之前，企业的商业模式创新只是围绕内外资源的整合来进行，打造高效的运营体系，企业盈利能力相对单一，追求高利润率。目前进入了第二阶段，即"互联网时代商业模式创新"阶段。在这个阶段，随着互联网的普及，企业的商业模式创新围绕构建开放平台来进行，互联网、高新技术、信息被广泛应用，企业进行开放式创新，努力打造可循环的生态系统，使盈利来源多元化、企业价值最大化。**"传统商业模式创新"阶段，企业追求的是市场导向和竞争导向，而"互联网时代商业模式创新"阶段，企业追求的则是驱动市场和价值导向。**

打败企业的不是产品，而是模式

"产品思维"和"模式思维"是完全不同的两种思维方式。诺基亚公司的失败就是这一方面最形象的例证。

2008 年时，诺基亚手机的市场份额一度高达 40%，这项纪录至今还没有其他任何一个手机品牌能够超越，诺基亚在当时一度成为手机的代名词。

然而，有着傲人的历史成绩的诺基亚公司，到底为何会败给一个新秀——苹果公司？这绝对是一个值得深思的问题。

企业经营者经常会有一种惯性思维，就是企业间的竞争主要是围绕产品研发和制造的发展趋势而开展的。在手机产品的研发和制造层面，诺基亚公司绝对是那个时代的王者。当时的诺基亚公司，每年手机研发资金预算高达 40 亿美元，是苹果公司的手机年研发预算的 2 倍多。当然这一投入使诺基亚公司累计获得的手机专利技术的数量是苹果公司的 4 倍多。在技术创新层面，作为后来者的苹果公司其实并没有研发出颠覆性的技术，然而苹果手机却把风靡全球的诺基亚手机淘汰出局了。

诺基亚公司完全将手机定位为用于打电话、发短信的通信工具，好用、易用、耐用是其开发手机产品的导向，所以诺基亚手机给大家留下的最深刻的印象就是结实，这就是诺基亚公司的立身之本。有一个笑话说，在苹果手机刚刚进入市场的时候，诺基亚公司对其嗤之以鼻，嘲笑苹果手机不结实，不能砸核桃。进入互联网时代后，消费者对手机的需求发生了变化，而诺基亚公司却丝毫没有意识到。鼎盛时期的诺基亚公司也曾组织上千名工程师开发基于塞班系统的应用软件，然而塞班系统的开发也只是为了满足诺基亚手机作为工具的需求。从本质上来讲，诺基亚公司是一家以产品思维为导向的传统制造企业。

苹果公司则不同，它做的是生活方式。对于生活方式而言，品质、差异化、个性需求才是最重要的。为了满足品质生活和差异化生活功能的需求，乔布斯推出了一台具备触摸屏功能的移动智能终端，它不再是单纯意义上的移动电话。同时，苹果公司不仅通过技术手段为手机设计了时尚的外观和安全流畅的 iOS 系统，还为消费者提供了可以根据自身需求，下载 App Store 里的软件来自由定义自己手机功能的机会。

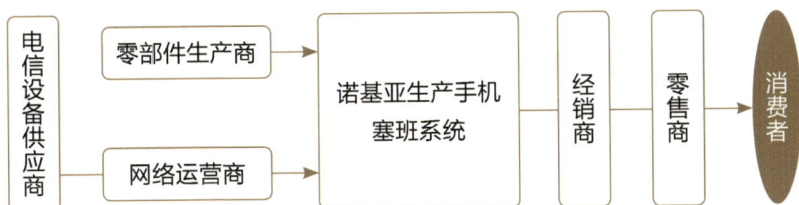

诺基亚公司的价值链

另外，苹果公司还有一个独特的做法，就是 App Store 中的应用软件并不是来自苹果公司，而是外界资源的开放和整合的结果。苹果公司利用其平台，将 App Store 平台接口开放给所有人，让全世界的软件开发爱好者都可以开发苹果手机的应用软件，软件经苹果公司审核以后放到 App Store 里进行销售。在 App Store 上有超过 2000 万名的开发者，有上百万个应用软件可供下载使用。苹果公司通过自己的平台抽取应用软件销售款项的 30% 作为佣金，自从 App Store 于 2008 年上线，苹果公司获得了近 500 亿美元的收入，广大软件开发者已经累计赚取了超过 1200 亿美元的利润。

可见，苹果公司的成功，不仅仅归因它通过技术创新为消费者提供了时尚的外观设计，更重要的是，苹果公司根据目标消费者的需求，创造了一个崭新的商业模式。通过商业模式的创新，苹果公司对苹果手机进行了全新的定义，它不再是一部单纯的手机，而是一种新的生活方式，为消费者创造了前所未有的价值。

苹果公司的商业模式

诺基亚公司败给苹果公司的案例，诠释了商业模式创新比产品创新更为重要的道理。对于企业而言，有时商业模式创新丝毫不逊于伟大的技术发明。

诺基亚公司最先发明了触屏手机，却被苹果公司打败了。数码相机是柯达公司发明的，但是柯达公司并没有及时抢占数码相机的"风口"，企业目前面临的是"傻瓜式失败"，"的确失败了，但是不知道错在什么地方"。很多企业具有丰裕的资金、优秀的品牌、顶尖的技术、广阔的市场、强大的成本控制能力和质量保证能力，但是依然不知不觉失败了。

纵观这些企业倒下的历史，它们失败的根本原因，绝对不是资金、技术、市场方面的问题，而是思维、模式、战略方面的问题。

有地图者不迷路，有模式者不盲目

技术在革新，产业在升级，模式在创新，但很多企业管理者的商业思维、经营模式、组织管理方式，依然停留在工业时代。

不同规模、不同状态、不同行业、不同类型的企业有着不一样的商业模式，但又遵守着许多共同的商业规律。因而，商业模式永远是共性中有个性，个性又符合共性的。

现在同大家分享的，就是找寻企业在互联网时代商业模式创新中共同的商业规律，而不是照搬照抄。企业管理者掌握了设计商业模式的科学路径，再结合实际就可以设计出不同的商业模式，从而多一些成功，少一些失败。

失败的企业大体是相同的，成功的企业各有各的道路。成功的道路虽有不同，但规律是相通的。简言之，有地图者不迷路，有模式者不盲目！

希望当前处在转型升级中的企业及创业者能够通过本书的学习，在发展的路上用理性替代冲动，用规律替代盲目，用规则替代混乱，在企业发展的道路上所向披靡。

第二章　危机之下企业创新的逆向逻辑

创新是一个永恒的话题，无论处于顺境还是逆境，企业对于创新的思考都永远不能停止。在处于顺境时，企业要思考危机来临时的应对策略，居安思危；在处于逆境时，企业要思考破局之策，临危不乱。但很多企业的发展模式是被动式发展，既没有对环境的预测，也没有对未来变化的预期，导致危险来临的时候，企业只能自生自灭。2019 年，华为公司遇到了一些问题，任正非表示，这些问题在十几年前就已经预料到了。当这些问题出现之后，华为公司并不是手足无措、没有任何准备的。所以任何企业，都要有逆向创新的思维。

传统企业的创新之痛

四十年来，中国企业赖以生存的低成本策略，在互联网时代的今天，已经没有任何优势。同时，对企业而言，新技术应用、产业转型、服务升级等迫在眉睫。中国的很多行业，如大众消费品行业，技术创新并不占据其竞争的主导优势。**大多数行业实现发展的关键是战略转型升级、商业模式创新及市场营销的创新。**

在整个产业链上，上游的生产制造企业非常痛苦，其原因是运营成本高，资金压力大，利润率低；中间贸易商也很痛苦，其原因是销售渠道不畅，融资成本高，上、下游挤压；终端零售商更加痛苦，其原因是开店成本高，缺少客源，缺乏好的销售策略。整个产业链都在抱怨生意不好做，无利润。总体而言，无论处于产业链的哪个环节，中国传统企业最大的问题都是在高成本的巨大压力下，找不到消费者，留不住消费者。另外，还存在方向迷茫、发展甚至生存堪忧的问题。

技术研发	生产制造	产品	传统渠道

已经由"关键性要素"变成了"基础性要素"

企业无法赚取更多利润！

企业获取利润的方式发生改变

在这种情况下，很多传统企业，都跃跃欲试，希望转行至竞争尚不激烈的行业。然而，很多跨行业发展的企业发现，转行之后的现状并没有像预期般美好。之所以很多企业认为其他行业好，是因为对其他行业并不了解。

纵观近年来上市的一些企业，如拼多多、三只松鼠、海底捞公司、云集微店等，都是在强大的竞争压力之下成长起来的企业。它们的成功和行业无关，而是因为运用了创新的商业模式和资本推动。说到资本，很多企业管理者都很疑惑，为什么没有资本看好自己的企业？这需要他们反省企业的商业模式是不是有想象的空间与投资的价值？其实市场并不缺少资本，缺少的是创新的好项目。

简言之，没有不赚钱的行业，只有赚不到钱的商业模式。再好的行业总有不赚钱的企业，再差的行业总有赚钱的企业。

从商业模式的角度理解企业创新

　　企业创新分为以技术为导向的创新和以商业为导向的创新，研发、技术、应用、产品属于技术创新的范畴，战略、模式、管理、流程、营销则属于商业创新的范畴。技术创新不仅是一个企业实力的象征，更是一个国家实力的象征。没有技术创新，人类便不会进步，人类近两百年来的大发展就是建立在各个行业技术创新的基础之上的。商业创新则是指企业在经营层面和管理层面的创新。很多企业所处的行业，技术已经不再是发展的壁垒，几乎每一家企业都处在同一技术层面，因此，想要在竞争中胜出，必须依靠商业创新。当前，很多企业能够迅猛发展，均得益于商业创新。当然，如果一家企业的技术创新与商业创新能够并驾齐驱，那么这家企业就能在行业中拔得头筹。

　　本书所探讨的创新内容，便是以商业创新为主导，更多的是指商业模式的创新。

　　那么，什么是商业模式呢？对此，众说纷纭。这是因为人们看待这一问题的角度不一样：有的人从运营的角度看待，有的人从资本的角度看待，有的人从股权的角度看待。总体而言，商业模式创新是指能使企业获得更多盈利的经营逻辑创新。

研发	生产制造	产品		模式	营销	渠道
注重				忽视		

企业需要加强商业模式创新

对企业而言，从诞生的那一天起就拥有了自己的商业模式，小到街边店，大到银行，都有各自的商业模式。虽然每个企业都有自己的商业模式，但是大部分企业的商业模式都是自发的、传统的。它们大都模仿其他企业的商业模式，并没有进行自觉的商业模式设计和创新，企业缺乏竞争壁垒和成长的持续性，这也是大多数企业举步维艰的原因所在。

中国传统制造型企业的商业模式是，从上游购买原材料时先款后货，向下游销售时先货后款。它们对上游无话语权，对下游无控制权，与竞争企业进行同质化竞争，并且随着人力成本的增加和竞争的激烈，获得的利润越来越薄。**事实上，中国企业基于低成本的竞争优势根本构不成商业模式创新，中国企业若要获得真正的竞争力，必须要关注商业模式创新！**

在互联网时代，企业必须从产品创新、技术创新、品类创新，走向营销创新、服务创新与价值增值创新、管理与流程创新、组织构架创新，再进一步走向经营模式、运营模式和商业模式这种全方位、全系统的创新。我们可以将商业模式创新定义为：**企业为实现最优客户价值，将内外资源整合起来，构建高效运营的经营逻辑，打造独特的关键能力，形成持续的盈利来源。**

小米的商业模式在前文有所描述，它并不像那些传统的公司一样依靠产品的销售差价盈利，而是打造了一个创新的经营逻辑。一台小米电视机的销售价格只有1000多元，除去生产成本、物流仓储成本、人工成本、第三方成本后，并没有什么利润。但是如果后续收看其他节目，客户每年需要支付199元。试想如果有500万个客户购买了小米电视，其中100万人一年支付199元，那么这将是近2亿元的收入。

腾讯公司微信的使用也是免费的，但是腾讯公司通过其他后端多元化的服务产品来获取利润。最重要的是，这些多元化的服务产品来自整合外在资源，并不是由腾讯内部提供。

纵观当前那些成功的企业，它们几乎都是诞生于互联网相关领域；都是爆炸性增长，成功周期越来越短；都是创新了商业经营逻辑，具有前所未有的商业模式；都是借助了资本的力量！

商业模式创新的逻辑与要素

企业究竟靠什么盈利？很多人认为，通信公司靠话费盈利，快递公司靠运送物品盈利，出租车公司靠接送乘客盈利，药店靠销售药品盈利，饭店靠美食盈利，理发店靠修剪头发盈利……其实这都是最浅显的认知。当前环境下，竞争激烈，任何一个行业都会有无数家企业蚕食市场，**一家仅仅依靠产品销售而盈利的企业，不可能获得更多的现金流和更高的利润。**因此，企业如果想实现更大规模的发展，就必须构建有壁垒的竞争系统，包括内部组织结构、外部合作关系及产业价值链等。而这些复杂的要素如果能够被整合成一个高效的运营体系，便能让企业占据先机。构建这个竞争系统的过程，就是商业模式创新的过程。

好的商业模式是企业成功的保障。那么，如何理解商业模式创新的理论体系，并利用这个理论体系指导企业的发展？**商业模式创新理论体系的包含以下五个关键要素，即客户价值、内外资源、经营逻辑、关键能力、盈利来源。**这五个要素相互影响、相互依存，构成了一个生态循环系统，任何企业进行商业模式创新，都可以围绕这五个关键要素进行规划。

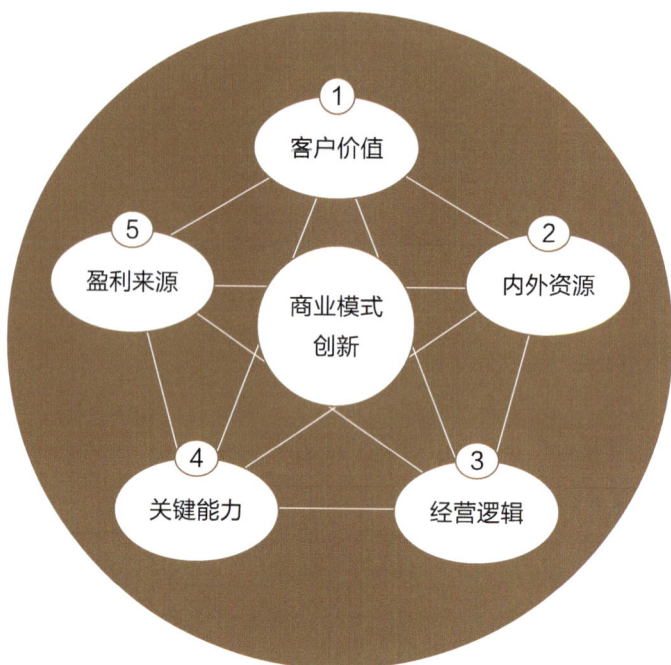

商业模式创新的五个关键要素

接下来结合表 2-1，对商业模式创新的核心要素进行具体解析：

第一，客户价值。企业要明确如何定位客户，如何确立价值主张，也就是企业在为谁创造什么样的价值。**客户价值是进行商业模式创新的前提条件**，企业需要根据内外环境，精准洞察客户"痛点"，满足客户未被精准满足的需求。那么，什么是客户未被满足的精准需求？即未被竞争对手关注并满足的需求，或者客户自己尚未意识到的、可挖掘、可创造的需求。美图秀秀能够为人们免费美化照片，

表 2-1　商业模式创新的核心要素

要素 1 客户价值	要素 2 内外资源	要素 3 经营逻辑	要素 4 关键能力	要素 5 盈利来源
• 客户定位 • 价值主张	• 内部资源 • 外部资源	• 价值整合 • 运营形态	• 关键业务 • 核心能力	• 现金流结构 • 成本结构

微信能够让人们免费享受即时通话和视频功能，这都能够体现客户的价值实现，也就是客户价值。**客户价值是实现商业模式创新的第一要素，竞争体系的构建都必须围绕客户价值展开，可以说不以客户价值为前提的商业模式创新都是"伪逻辑"。**

第二，内外资源。任何企业的发展都不可能具备所有资源，这就需要企业进行整合，把内外资源进行有效地嫁接，为企业的有效运营提供保障。这些资源既可以是有形的，又可以是无形的；既可以是合作的企业组织，又可以是独立存在的个体。阿里巴巴的发展就是将外在的众多资源进行了高效整合，如供货方、购买方、资本方、物流公司等，阿里巴巴作为平台进行管控，从而实现了各方价值的最大化。

第三，经营逻辑。经营逻辑是指企业价值整合的方式，即企业与内外资源的合作方式，以及企业展现出的运营形态。不同的企业具备的资源和能力不一样，即便它们提供相同的产品，背后的经营逻辑、运营形态也不尽相同。例如，同样是提供奶制品的企业，蒙牛公司打造全产业链模式，光明乳业公司打造轻资产运作模式，新希望集团打造收购兼并模式。

第四，关键能力。关键能力即关键业务，也就是企业为实现有效运营必须具备的核心能力。实体企业必须具备产品制造能力，互联网企业必须具备服务能力。无论何种企业，关键能力越强，效率越高，成本越低，就越有竞争优势。

第五，盈利来源。盈利来源包括现金流结构和成本结构。在创新的模式之下，要分析企业拥有哪些收益来源及能否让收益最大化，企业在系统中又有哪些成本及如何有效控制成本。例如，小米公司有硬件收费、软件收费、内容收费等盈利来源，京东公司有产品销售、仓储物流、金融等多种盈利来源。

商业模式创新的特点

互联网时代，新技术应用和全球化发展缩短了产品周期、生命周期和产业周期。在高度横向分工的产业组织中，企业越来越相互依存，产品越来越趋同，因而商业模式创新也就成了企业竞争的核心。商业模式创新需要具备以下六个特点。

第一，独特性、创新性。企业必须塑造自身的独特性和创新性，使自己的商业模式有别于其他企业，从而实现持续发展和盈利。

第二，有一定门槛，不易被模仿。不能轻易被竞争对手模仿。

第三，客户价值的挖掘、满足、实现。满足客户未被满足的精准需求，同时不断挖掘并满足客户的潜在需求。

第四，整合和嫁接资源。企业要善于整合和嫁接资源，并将整合的资源形成有价值的生产力。资源虽不为企业所有，但要为企业所用。

第五，核心能力群组。互联网时代，企业必须构建多个竞争力，形成核心能力群组，才能有效屏蔽竞争。

第六，生态系统。企业必须敏锐感知外界环境的变化，并能随行业环境的变化与时俱进、自我调节，形成生态运营系统。

很多商业模式创新，都是对原有客户服务和产品的升级换代，也就是挖掘原有客户的潜力，用新的产品和服务获得原有客户的持续支持；或者运用新型的渠道，如电子商务渠道，更好地满足原有客户的需求。这是很多企业进行商业模式创新的基本思路，对此，我们必须重新认真思考。新的企业价值主张是否能够传达给目标客户，目标客户对新的价值主张是否接受？

鉴于此，企业在进行商业模式创新时，需要回答六个问题。

第一，市场在哪里，目标客户是谁？

第二，提供什么价值，业务结构体系如何？

第三，用什么运营形态，经营逻辑如何构成？

第四，如何销售出去，营销方式与策略是什么？

第五，如何赚钱，盈利来源有哪些？

第六，如何获得资本，企业价值如何展现？

总之，没有不赚钱的行业，只有赚不到钱的商业模式。企业要想实现快速发展并获得高额利润，必须进行商业模式的创新。

第三章

逆境之中企业变革的跨界新物种

随着信息技术的快速发展，互联网逐渐渗透于各个行业，我们可以看到，互联网与传统行业的融合已经越来越明显，购物、旅游、医疗、金融、教育等行业开始依托互联网进行创新和升级，由此产生了许多新的业态、新的物种，如滴滴平台、美团平台、小米公司等企业。这种融合不但带来了便捷的消费应用，提升了企业的工作效率，而且给经济发展带来了新增长点。几乎所有传统企业都在思考如何借助互联网提升企业自身的竞争能力。

跨界互联网产生"新物种"

苹果公司跨界进入智能手机行业，取代了传统手机企业诺基亚公司的地位；微信跨界进入移动通信领域，抢占了三大移动运营商的业务市场；航旅纵横软件可以办理远程值机，无须打印登机牌。很多银行把部分个人银行业务移到了互联网上；打车软件让乘客可以直接和出租车司机联系，它出现后短短几个月，便获得了上亿用户流量，原有的电话打车平台就彻底被淘汰了。

在十年前，企业与互联网的关系，主要体现在营销推广方面，如搜索营销、BBS 营销、博客营销等。在企业内部，互联网的应用局限于办公与沟通，它极大地提高了企业内部效率，但这些都是比较浅表的服务，其作用大多是互通消息、传输文件。互联网化还达不到一定的程度，很难满足内外部协作及产业链协同等进一步的需求。而近十年来，企业通过互联网实现了内部和外部的有效沟通及数据的有效运用，并逐渐实现了经营信息化、信息数据化、数据金融化。

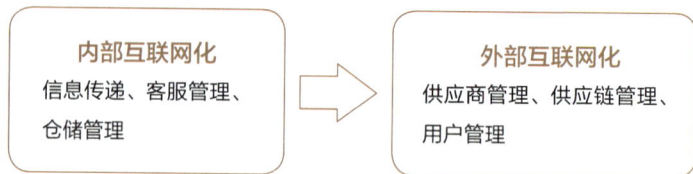

| 内部互联网化
信息传递、客服管理、
仓储管理 | ⇨ | 外部互联网化
供应商管理、供应链管理、
用户管理 |

内部互联网化到外部互联化

互联网可以对企业的整个价值链中诸多环节，如设计、研发、生产、物流、营销和服务等，产生推进和变革作用，同时也可以对企业内部的战略、管理、组织、人才等进行重塑。

随着互联网与传统行业的融合，新零售、新金融、新制造等各种新物种不断涌现。过去几年，很多实体零售企业认为电子商务行业是其最大的竞争对手，而今天纯电子商务的时代已经结束，线上与线下已经有机结合了。例如，阿里巴巴收购银泰百货、三江购物，还成为苏宁电器的股东；小米公司布局完线上业务，又开始做线下业务，要开一千家门店。

如今，人们在互联网上可以直接贷款，数额从几千元到上百万元，并且无面签、无担保、无抵押，这就是普惠大众的新金融。

对制造业而言，过去的模式是 B2C，即工厂把产品生产好，通过渠道终端卖给消费者。如今，人们到店里买衣服，商家可以通过 3D 技术来扫描数据，然后将数据传到工厂，工厂根据数据进行定制，甚至可以根据消费者的要求，对颜色、款式等进行个性化设计，最终制作成全球唯一的产品，一周后通过快递邮寄到消费者手里。

此外，人工智能、共享经济、区块链等不断涌现，这些都是通过互联网技术产生的新形态、新物种。

依托互联网进行创新，必须要有好的商业模式

随着互联网的快速发展，很多创业公司都想依托互联网进行跨界与颠覆，获取一定的利益。因此，它们对具备互联网背景的人才的渴求程度，也就可想而知了。这样的人才几乎成了创业公司的"标配"。很多创业公司都希望从大型互联网公司引进核心高管。很多创业者动辄大谈颠覆、跨界、导流、数据、估值，他们只注重了财务数字，而忽视了商业的本质。很多企业急功近利，加之一些投资者采取杀鸡取卵的做法，导致企业偏离原本的价值路线，在利欲熏心的路上越走越远。PayPal 创始人、《从 0 到 1》作者彼得·蒂尔曾批评硅谷的投资者"我们需要能飞的汽车，但结果却得到了 140 个字符"，批评那些投资者只谋求短期、快速的利润。

互联网带来的变化是有目共睹的，**但依托互联网进行创新，必须要有好的商业模式。互联网对传统行业的推动，本质上是产业升级；对企业的推动，本质上是商业模式创新。**

这几年很多互联网创业公司都在抢占汽车"后市场"。统计数据显示，国内汽车保有量已达 2.5 亿辆，每辆汽车的平均常规保养费用为 3000 ~ 5000 元，汽车"后市场"利润规模更是突破了万亿元大关。汽车"后市场"所产生的利润与前市场相比，比例大约是 7：3，即在整个汽车产业链上，后市场产生的利润至少是前市场的两倍。

从以上数据可以看出，我国的汽车"后市场"具有巨大的发展空间。

很多创业公司对这个庞大的市场跃跃欲试，并投入了大量资本。这些创业公司具体的商业模式是，在网上吸引消费者的同时，整合线下维修门店，为线下门店引入消费者。据不完全统计，目前我国

大大小小的汽车修理厂有几十万家，很多创业公司认为，只要能有足够大的流量，并将流量与门店对接成功，一家成功的后市场创业公司就会应运而生。

但是，当这些创业公司接到订单后，却意识到业务根本没有这么简单。类似于携程平台、美团平台这样的模式，在汽车"后市场"根本行不通。主要的原因是，与餐馆和酒店相比，已有的汽车维修门店大部分不可用，创业公司投入大量的成本去给这些线下门店带来订单之后，会发现每一个通过平台来的车主感受到的不是惊喜而是痛苦，很多车主到店后都会心灰意冷。

与携程平台后端的机票和酒店不同，汽车维修门店鱼龙混杂，它们或将佣金转嫁给消费者，或在服务方面以次充好。归根结底，携程平台的差旅业务，对应的大多是异地客源，由于酒店与消费者双方之间存在很大的信息不对称，所以他们极为依赖携程平台。而汽车"后市场"这类平台的汽车服务，对应的大多是本地客源，4S店和维修门店的客源相对稳定，各方对于这个多出来的平台并没有强烈的需求。

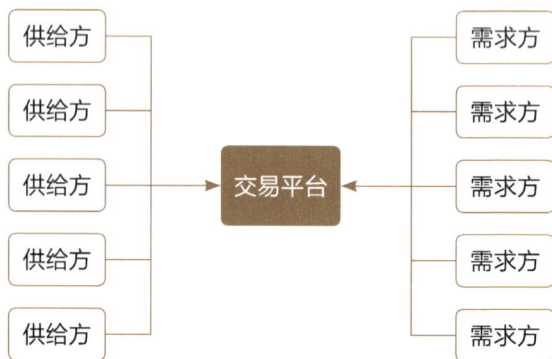

平台交易模式

那么，这么庞大的市场难道就不需要一个这样的平台吗？当然需要。

上述平台之所以失败，是因为没有创新的商业模式，依靠模仿抄袭携程、美团这类平台是不可能成功的。企业需要根据所在行业的特性、自身的优势进行创新，才是根本。

最近几年，一些专注于汽车"后市场"的平台公司吸取了创业公司失败的教训，进行了商业模式调整，推出了一些标准的产品和服务，取得了不错的成效。

打破原有的利益结构，重塑价值体系

阿里巴巴集团首席战略官曾鸣先生认为，**最前沿的技术和最创新的商业模式往往是共同演进的，只有成功的商业模式创新才能使技术创新的价值最大化。**阿里巴巴集团的电子商务生态圈和云计算、大数据技术的进步是紧密相连的。

互联网与企业的结合不仅引发了技术的变化，更引发了发展战略、商业模式、管理组织的多重改变。"互联网＋"不是简单的传统业态加互联网，而是创造新业态的过程，它是商业模式创新、技术实现及规则制定的融合。并非实体经济要互联网化，而是互联网必须渗入实体经济内部——**重塑发展战略，变革经营逻辑，创新商业模式。**

企业创新的目的是创造新的价值、适应新的竞争、获取更大的价值。除少数行业需要依托技术创新获得竞争能力外，大多数行业需要依托经营逻辑的创新，改变传统的经营形态，突破传统的内部边界制约，打破原有的利益结构，重塑价值体系。同时也要进行管理变革，打破传统的层级管理，构建高效的信息传递管理系统，优化运营效率。

企业无论进行何种形式的创新，最终目的都是为客户创造差异化的价值，而不是为了创新而创新。

在任何时代，企业经营者都必须具备哲学的思维和社会价值观的视角，而不是盲目跟随潮流。很多企业的创新只停留在使产品满足市场需求的低层面，很少有企业在社会层面进行创新。如果想持久发展，就不要盲目跟风，建立一个没有特色的企业。

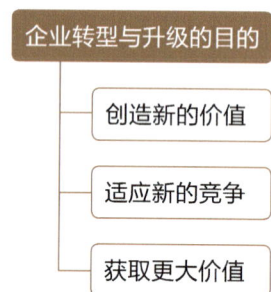

企业转型与升级的目的

- 创造新的价值
- 适应新的竞争
- 获取更大价值

企业只有创新才能应对竞争

传统企业与互联网融合的前提条件，是创新商业模式。企业如果只懂"互联网"而不懂"商业模式"，那么同样会失败！

第四章

重启增长的按钮：既要顺势而为也逆势发展

目前，企业创新的规则已经发生了改变。过去的创新局限于技术和产品，而当今的创新大多是指企业的顶层设计与商业模式创新。互联网的出现，改变了企业与市场的连接方式，使得企业的设计、生产、分销以及服务形态都发生了变化。纵观当前奔跑在行业前沿的企业，无一不是如此。在当前经济下行的形势下，**企业若要改变增长的方式，就必须以新的思维方式打造新的增长路径，重新定义企业价值，从而在经济下行时实现逆势增长。**

增长的按钮在哪里

在互联网时代，市场快速迭代，环境变幻莫测，但这并不意味着企业经营的本质会发生变化。**在任何时代背景下，企业的发展都不该偏离核心——为消费者创造更优价值。**若忽视了这一点，任何创新都是空中楼阁。

彼得·德鲁克在《管理的实践》一书中提到，**企业经营的目的是创造消费者，为消费者提供产品或服务，而不是利润的最大化。仅仅关注利润的企业，终将失去利润。企业经营的根本就是客户价值，商业模式的核心就是"利他"，**这要求企业从客户的视角看问题。当你愿意为别人服务时，你就获得了为自己创造财富的更多机会。利润只是影响企业经营状况的因素之一，而满足客户需求、实现客户价值才是实现企业持续盈利的前提条件。

- 盈利不是企业经营活动的目的，只是企业经营状况的影响因素之一；
- 利润不是企业行为和企业决策的理由，而是对企业经营有效性的一种检验；
- 任何企业的第一项考验不是如何实现利润的最大化，而是怎样获得足够的利润以抵偿经济活动上的各种风险，从而规避损失；
- 满足客户需求、实现客户价值是实现企业持续盈利的前提条件。

　　曾有人向华为创始人任正非请教华为的经营哲学，任正非回答："华为没有哲学，我本人也不学哲学，我认为华为所有的哲学就是以客户为中心，就是为客户创造价值。"的确如此，企业经营和创新的核心是创造价值。追求产品基本功能的时代已经结束，取代它的将是着力满足客户深层次需求的时代，为客户创造价值，这就是新环境下企业经营的本质。**首先，企业创新要解决价值创造问题，即选择为谁创造价值、创造什么样的价值。**因此，企业需要准确清晰地定位其目标客户群体，了解客户亟须完成的任务或最为强烈的需求，抓住"痛点"，并提供相应的解决方案。**其次，企业要通过一系列的资源配置和活动安排来创造并交付价值。**这包括构建和管理自身与生态系统内其他成员的关系。**最后，企业必须具备清晰明确、可以持续的盈利模式**，这能够保证企业在整个价值创造过程中，收获属于自己的经济价值。

重构经营形态，重建企业竞争能力

　　过去，在一切信息不对称的条件下，企业的竞争主要集中于对优势资源的争夺，各企业意图达到控制渠道的流通、控制信息的传播、控制消费者的认知的目的。如今，在互联网让世界扁平化的过程中，这种竞争优势越发弱化甚至消失。企业竞争的焦点，实际上已经开始从专注于内部产品的生产制造，转变为对目标客户的数据分析与精准服务，以及对整个产业生态系统的构建和合作。进入互联网时代，牵动企业竞争与创新的引擎不再专属于技术和产品，而是趋向于整体竞争系统的构建。

因此，企业要想存活，其创新能力不仅要体现在产品和技术层面，更要体现在建立和维系与消费者的互动关系的能力、为合作伙伴实现价值共赢的能力层面。

持续竞争优势	• 技术和产品优势 • 整体竞争系统的构建
比较竞争优势	• 技术先进性 • 产品超前性
竞争平势	• 技术相仿 • 产品类似 • 渠道相同
竞争劣势	• 产品、技术等各个方面处于劣势

企业竞争的四个层面

互联网的普及、科技的应用、信息的广泛传播以及资本的大力推动，使企业获得资源的方式更便捷，整合资源的能力更强，更新产品的速度更迅速，但也使企业的生命周期更短。很多实施颠覆式创新的企业根本没有把传统企业当作竞争对手，它们并不会遵循传统的竞争规则。这些利用互联网进行颠覆式创新的企业，通过更先进的载体找到了全新的市场，并且以最快的速度抓住了大量的"粉丝式"顾客，使那些传统的企业受到了"无意"的伤害。更可怕的是，实施颠覆式创新的企业获得成功的速度也前所未有，只要它们冲击市场，其他传统企业就很难从战略角度做出及时回应。过去，一家企业的创新需要 5～10 年的时间将技术和产品构建为企业的壁垒，进而获得成功。而如今，企业创新需要的时间大幅减少，成功的速度也令人始料未及。在互联网时代，很多创新都是从外部进入企业，比如移动终端 App 的应用颠覆了出租车行业，互联网金融颠覆了传统的银行行业等。

在互联网时代进行颠覆式创新企业，可以使其产品价格更低、产品品质更好、客户服务更优。比如，在线地图颠覆了导航仪市场，消费者不需要花一分钱，便可享受更便捷的导航服务。又如，我们通过一款 App 就可以选择一家味道不错的餐厅，避免了花费金钱和时间的试吃，因为可以随时在互联网上查阅到食客们的消费意见。这些颠覆都是来自行业之外。

重塑经营逻辑，重新定义企业价值

企业战略重构的过程，就是商业模式创新的过程，旨在使企业的发展方向、运营模式及其相应的组织方式、资源配置方式发生整体性转变，从而构建全新的经营逻辑，改变传统的经营形态，这是企业重新塑造竞争优势，提升价值创造能力，转变企业经营形态的过程。**战略重构并不是为适应市场的短期竞争而采取的权宜之计，而是一种涉及战略方向、运营形态以及组织管理的根本性转变，这种重构建立在企业能够预见未来并把握未来发展趋势的基础之上。**

重构战略的目的，是展现全新的企业价值，以获得企业与用户的深度链接。星巴克卖的不仅是咖啡，更是社交环境；海底捞卖的不仅是火锅，更是服务；今日头条 App 的功能不仅是新闻推送，更是使用户实现个性化精准阅读；滴滴 App 不仅是一个打车软件，更是提供出行服务的平台。

苹果手机之所以能够迅速被大众接受，是因为苹果公司重新定义了手机。在苹果公司的价值主张中，手机的核心已经不再是通信功能，而是娱乐功能与多媒体互动功能。而曾经的胶卷业巨头柯达公司之所以陨落，就是因为柯达公司固守自己的传统业务及其价值，仍将其业务价值定义为胶卷成像。事实上，快速发展的数码技术，重新定义了成像的产品概念，成像载体已发生了根本变化，但是柯达公司仍然停留在过去对产品和服务的定义中，最终导致企业走向了破产的结局。

表 4-1　重新定义企业价值的案例

企业	原有价值	新价值
利乐	机械设备	包装系统解决方案
星巴克	咖啡	社交环境
7-11	日常用品	生活便利服务
海底捞	火锅	服务体验
苹果	手机	移动智能终端
美团	外卖	生活服务电子商务平台
今日头条	新闻推送	个性化精准阅读
小米	智能手机	硬件＋新零售＋互联网服务
滴滴	打车服务	出行服务

市场在发生变化，技术在更新迭代，用户的需求不再是一成不变，而是瞬息万变；企业之间的竞争内涵也不再是"你死我活"，而是"共生、协同"。数字技术在改变着生产力、生产关系，改变着全球经济增长的驱动要素，也改变着企业和个人。因此，企业价值需要被重新定义。重新定义市场地位、竞争关系、用户链接，千万不要"战胜了对手，却输给

了时代"。

那么，应该如何重新定义企业价值？

企业战略重构的核心，是创造或提升客户价值，构建新的经营逻辑，重塑企业的价值体现。企业战略重构是一个价值比较与选择、价值提升与创新的过程，这是一个系统工程，需要形成新的商业模式，而不是对原有经营形态进行简单调整。

互联网时代，大多数传统企业都知道战略重构的重要性，但知道如何进行战略重构的企业却少之又少。战略重构不同于一般的战略规划，战略规划往往以公司现有的资源和能力为基础，而战略重构则需要对公司现有的资源和能力进行破坏性的重构。因此，战略重构对企业领导者提出了更高的要求，需要领导者既能保持清醒的头脑、坚定的信念、深刻的危机感和敏锐的洞察力，又能善于找寻变革的路径、把握节奏，善于通过妥协和平衡避免公司陷入更大的混乱而失去重构的支撑和力量。所以，**企业在实施战略重构时，战略方向固然很重要，但是路径、节奏、手段的把握同样重要，领导者应具备总揽大局的魄力与发现并解决问题的智慧，避免企业陷入"不重构等死，重构找死"的尴尬境地。**

第五章

传统制造业如何找到逆势增长的路径

在近四十年，生产制造企业对中国经济的发展做出了巨大的贡献。它们依靠低成本的优势，融入了国际价值链体系，成为国际代工的承接者，钢铁、水泥、服装等产业规模稳居世界首位。但是，中国的制造业大而不强，粗而不精，其发展依靠的是资金密集、劳动密集，而非技术密集。近年来，人口红利、成本优势、规模优势逐渐消失，经过粗放式发展，原来的竞争优势已经不复存在，我国生产制造企业的发展遇到了瓶颈。那么，如何突破瓶颈？首先，我们需要对传统制造企业的发展困局进行分析。

传统制造企业的发展困局

在整个国际产业链中，从研发设计、原材料采购、生产制造，到物流配送、市场销售，大多数的中国生产制造企业处于最低端，其附加价值较低。然而，中国生产的产品被贴上外资品牌的标签后，价格却能翻升几十倍甚至上百倍，而这些外资企业甚至还拥有自主调价权。

一家苏州包装厂，其商业模式，是中国传统生产制造企业采用的典型商业模式，即从上游造纸企业购买原材料生产加工后，卖给下游印刷厂。从上游批发原材料需要现款提货，下游卖给印刷厂需要先货后款。企业对上游没有话语权，对下游也没有控制权，与竞争企业相比也没有优势可言。而且随着人力成本的增加和市场竞争的愈演愈烈，利润变得越来越少。

原材料成本上升　　劳动力成本上升　　渠道成本上升　　市场竞争度上升

利润下降　⇒　企业何去何从

传统制造业的困境

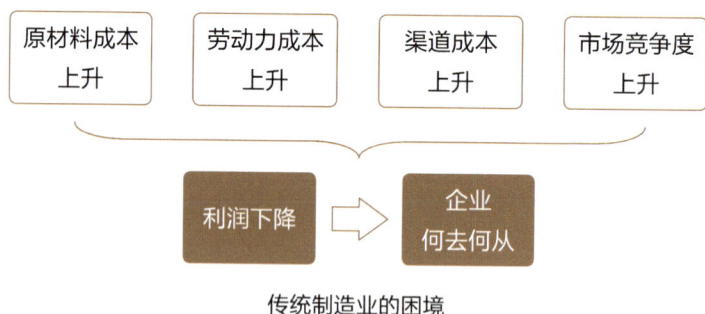

很多企业的经营都遵循买设备、建厂房、搞生产、做销售的流程。这个商业模式已经被大多数中国企业学会了，肯定不能持久。

中国制造企业存在的问题包括以下几个方面：

第一，技术研发不足。在中国，拥有自主知识产权核心技术的企业，数量很少，诸多行业的对外技术依存度超过50%，而作为前"世界工厂"的美国和日本，这一比例却仅为5%左右。

第二，制造人才不足。在丰田公司的工厂里，很多工人可以提出让工程师咋舌的改进建议，而在中国的大部分工厂里，很多工人职业素养较差，甚至连操作都无法严格执行。中国制造人员数量超过1亿人，如果其平均教育水平无法得到保证，那么制造业的整体水平就很难提高。

第三，经营思想落后。制造工厂是不能被称为"企业"的，它只是企业的一个组成部分。很多工厂能够存活，得益于企业外包。但是，随着制造业的进化，大型的"工厂式"企业将从中国逐渐消失。

美国哈佛商学院的教授，在中国考察后发现克莱顿·克里斯坦森，**基于低成本获得竞争优势的中国企业根本没有形成可靠的商业模式，中国企业要获得真正的竞争力，迟早要将关注的重点转为商业模式创新。**

马云认为，实体制造业不会消失，只有落后的制造业才会消失。当前，企业遇到的不仅是技术变革，更是思想变革。未来10年到15年，传统制造企业将会非常痛苦。依靠传统资源消耗得以生存的企业，面临的挑战会越来越大。

生产制造企业的创新路径

制造业必须随着时代进步，企业只有在全球性竞争中存活并持续发展，才能做出真正的制造。在这一过程中，最重要的是技术、智慧、上进心以及每个时代特有的综合竞争能力！

分享一个生产制造企业转型升级的成功案例。

永艺家具股份有限公司（以下简称永艺公司）曾是一家代工外贸商品的生产企业，主要生产办公椅、按摩椅、沙发及功能座椅配件，为国外企业做代工生产，其产品市场主要在国外。笔者在多年前曾为这家企业提供过资讯服务，帮助这家企业进行转型升级。

2008 年国际金融危机，永艺公司面临订单减少市场萎缩的困境，因此考虑转型发展。最初，企业考虑自建销售渠道，开拓国内市场。经过对国内办公椅市场的深入调研和对企业资源及能力的深入分析，他们发现，国内办公椅行业呈现品牌众多、市场竞争无序、区域特征明显等特征。国内企业的办公椅消费行为还处于低层的产品消费阶段，对产品工艺没有太高的要求；国内办公椅企业依靠模仿、抄袭和成本价格优势，造成劣币驱逐良币的恶果；国内办公椅行业已经处于红海竞争，永艺公司缺乏销售方面的团队、经验和资源，在短期内较难建立起竞争优势。因此，依靠低价进行国内市场拓展的途径基本行不通。

永艺公司注意到，国内办公椅企业普遍设计能力低下，依靠抄袭、模仿生存。例如，家具大省广东，有近一万家家具企业，而科班出身的设计师却不足 1000 人，即每 10 家家具企业只有 1 名设计师。

而国外的大部分知名办公椅企业，都有强大的设计师团队。

在此背景下，永艺公司决定将产品定位于国外高端市场，主要面向世界500强企业。公司把握新技术、新工艺发展方向，强化原创设计能力，从原始设备制造商（OEM）升级为原始设计制造商（ODM）。因此，企业战略定位是，将设计研发作为企业发展的原动力，打造全球办公椅设计研发与精益制造第一品牌，做全球最好的办公椅。企业的愿景是，全球最受欢迎的座椅企业，全球最佳座椅供应商、中国首选座椅品牌，成为供应链中公正守信的最佳伙伴，员工成长的最佳平台。艺术为魂，科技为体，这是企业创新的源泉。

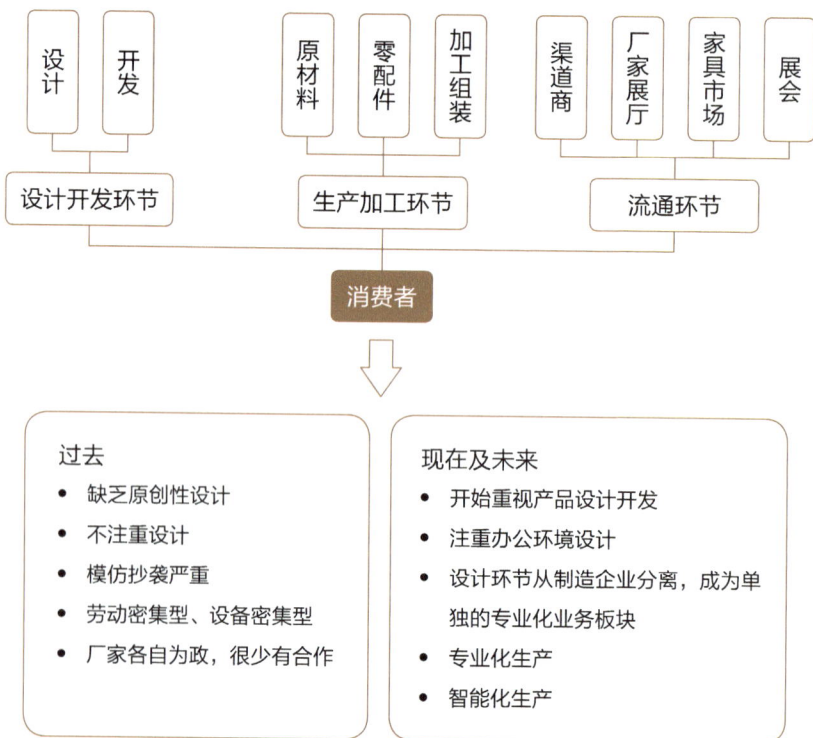

设计开发环节　　　生产加工环节　　　流通环节

过去	现在及未来
• 缺乏原创性设计	• 开始重视产品设计开发
• 不注重设计	• 注重办公环境设计
• 模仿抄袭严重	• 设计环节从制造企业分离，成为单独的专业化业务板块
• 劳动密集型、设备密集型	• 专业化生产
• 厂家各自为政，很少有合作	• 智能化生产

永艺公司的商业模式创新的基础

企业迅速采取了一系列的战略举措，例如，成立全国首个椅业博士后、院士工作站和永艺健康坐具企业研究院，增强研发实力，不断将健康科技融入座椅行业，持续提升健康坐具的科技水平。凭借优秀的设计和制造工艺，永艺产品多次在国际家具展上荣获"最佳功能奖""外观设计奖""最佳制造奖"等多个奖项。同时，这些荣誉也为公司带来了跨越式增长。目前，公司产品市场已覆盖北美、欧洲、亚洲的 60 多个国家和地区，与国内外多家知名采购商、零售商、品牌商建立了长期战略合作关系。

2015 年元月，上海证券交易所迎来了第 1000 家上市公司，永艺公司成了全国椅业中的首家上市公司。

生产制造企业如何从低利润区走向高利润区

行业的产业链一般都由 ODM—OEM—原始品牌制造商（OBM）组成，其中 ODM 负责设计研发，OBM 是品牌企业，它们都处于产业链的高利润区，而 OEM 作为制造商则处于产业链的低利润区。**如何从产业链的低利润区走向高利润区，如何从产业链的薄弱环节走向管控环节，是所有中国制造企业面临的重大问题。技术升级、产业转型、智能制造、管理变革、渠道变革，都是中国制造企业需要探索的方向。**

在这方面，富士康公司的经验值得中国企业学习。自 1974 年在台湾成立，1988 年在深圳建厂，富士康公司迅速发展壮大，成为全球最大的电子产业专业制造商，集团全球总市值超过 700 亿美元，布局横跨欧、美、亚三大洲，员工总数超过 120 万人。

技术升级　　产业转型　　智能制造　　渠道变革　　管理变革

传统制造业升级的关键要素

很多人认为，富士康公司就是给高科技公司"打下手"的大型工厂，其实不然，很多品牌企业交到富士康的只是一种设计，是富士康帮助这些品牌企业实现产品工业化、批量化，且如期交付的产品完全能够达到设计师的预期效果，生产成本也被控制在规定的范围内。能做到这些，其实与富士康公司制定的全球布局战略息息相关，即"两地研发、三区设计制造、全球组装交货"。

"两地研发"是指以大中华区与美国为两大重要战略支点，组建研发团队并成立研究开发实验室，掌握科技脉动，配合集团产品发展策略和全球重要客户的产品发展所需，进行新产品研发，创造全球市场新增长点。

"三区设计制造"是指以中国大陆为中心，于亚、美、欧三大洲设立制造基地，结合产品导入、设计制样、工程服务以及大规模、高效率、低成本、高品质的垂直整合制造优势，为客户提供最具竞争力的科技产品。

"全球组装交货"是指在全球范围内进行组装，保证"适品、适时、适质、适量"地把货物交付于客户指定地点。配合客户所需，进行全球性物流布局与通路建置，以达成"要货有货，不要货时零库存"的目标。

富士康公司拥有相当多的专利，因此，富士康公司与品牌企业的关系，是"交叉授权"的关系，所以富士康公司的利润来源绝不仅仅是代工费。

　　真正让人惊异的，是富士康公司对"工业精神"和"制造之道"的把握。尽管中国的制造行业已经发展了二三十年，但我们的工业精神"先天不足"，企业大多借助于资源优势从事低价值的贸易化制造。真正的制造，本身包含着研发，也包含着品牌。

　　前面讲到，互联网首先从企业采购和营销等外部环节进行渗透，再从产品的设计、研发、生产制造到营销、服务，从而构成闭环，彻底改变工业的生产模式。互联网信息技术的发展，使制造业进入数字化和自动化时代。

　　如今，制造业正在迎来新的变革，利用互联网信息技术实现智能制造，进而向高效化、精细化的制造业发展。例如，大数据、机器人的应用可以帮助制造企业更有效地了解制造生产流程，从而更好地改进企业的生产方式以及运营方式，带来更高的生产量和生产效益。

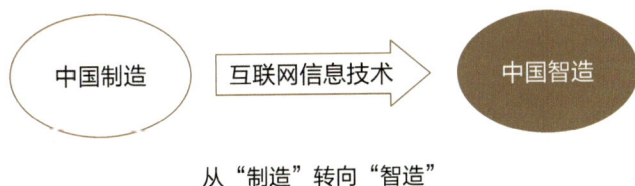

中国制造　互联网信息技术　中国智造

从"制造"转向"智造"

　　互联网引领制造业升级可具体表现在以下几个方面：

　　第一，制造业服务化，即由单纯的产品制造向服务制造转变。三一重工通过网络实现服务型制造，在设备上安装通信模块与后台实现连接，实时采集设备的运行状况，便于对设备进行主动维护。三一重工将分布于全球的 10 万台设备接入了后台的网络中心，通过大数据技术进行实时的远程监控预警。此后，企业成本降低 36%，企业利润也大幅度提升，三年间的新增利润超过了 20 亿元。

　　第二，个性化定制，即由规模化标准产品向个性化定制产品延伸。尚品宅配搜集用户的数据，然后在后台的云中心进行大数据分析。每年获取几十万用户的信息来充实数据库，众多设计师通过互联网根据用户需求进行家具设计。通过这样的方式，根据用户群的需求，提炼共性，就可以实现批量生产，既控制了企业生产成本，又满足了用户个性化的需求。

第三，组织分散化。过去，制造企业都是集中式的大规模生产厂家，目前由于与互联网的融合，它们已经呈现组织分散化的转变。主要模式包括：协同研发、众筹融资、众包设计、网络制造。以海尔公司为例，它们建立了开放创新平台，面向全球的设计资源和用户需求，征集产品解决方案。现在，已有跨越视频、电子、家电等领域的 200 多万名专业设计人员在平台上注册。通过这样的平台，海尔公司在两年内收集了 12 万条用户需求和创意，并联合 1600 多名设计师，推出了"帝樽空调"这一创新产品。这款空调入选了 2012 年世界创意经济研究中心评选的"影响世界的十大创意产品"，更显现出对全球空调创新发展趋势的巨大影响力。

第四，制造资源的云化。过去，生产工厂一定会有设计、制造等环节。在互联网时代，数码大方公司建立了工业云，将工业设计、供应链管理、采购服务、制造能力、3D 打印、零部件库、产品模型、产品设计融合在一个平台上，企业可以通过这个工业云构建自己的各个环节，并进行生产。数码大方协助中瑞德科工业设计公司，改造了儿童电动车的传统生产组织模式。按照传统方式，这个系统至少需要一年才能建成，而通过工业云，只需要 3 个月，就可以实现产品上市。

所以，制造业必须跟着时代前进，它只有在全球性竞争中存活并发展下来时，才是真正的制造。目前，我国制造业正面临着由"制造"向"智造"的转变。

第六章　传统经销商如何破解逆势发展的密码

代理商、批发商曾经作为厂家分销的主流渠道，一直与中国的生产制造厂家互相依存，共同推动市场运行，促进发展。他们能够帮助厂家构建销售渠道、推广品牌、维护市场等，为厂家与消费者搭建桥梁，极大地降低了厂家成本，让厂家专注于研发和生产。随着行业竞争的加剧和互联网技术的融合，信息越来越透明，去中间化趋势越来越明显，B2B、B2C 电子商务模式，使传统渠道模式越来越难以生存。批发、代理、经销模式究竟何去何从，如何规划逆境中的发展路径？这是所有从业者需要思考的紧要问题。

传统经销商的经营模式及其困境

在中国，很多制造企业的成功主要得益于"联销体 + 广告"的经销商渠道模式，如娃哈哈公司。娃哈哈公司经销模式的关键在于，企业利用合理且有序的利益分配锁定了销售人员、一级经销商、二级经销商以及零售中心。遍布全国的营销网络，保证其产品能够迅速地出现在中国的所有市场；每年投放大量的广告，使得其产品非常畅销。娃哈哈公司被达能公司收购时，全国经销商联合发表声明，表示一致支持娃哈哈公司，从这一点也可以看出，娃哈哈公司经销模式的强大力量。

区域市场品牌共享的方式，可以使厂、商关系成为比较紧密的战略伙伴关系，从而帮助企业达到对市场进行管理和控制的目的。从某种角度来说，茅台、伊利、蒙牛、青岛啤酒等企业采用的也是这样的模式。同样地，还有一些外资企业，比如宝洁、联合利华、可口可乐、百事可乐等，也是利用经销商完成在中国市场的立足。另外，很多工业品生产企业也是利用经销商、代理商来进行市场销售的。

但是，随着的互联网时代的到来，这种利益模式逐渐发生了改变。**互联网时代，商业模式的典型特征就是去中介化、去中间化，厂家可以通过互联网和消费者进行直接沟通与销售，**双方信息越来越对称。另外，市场竞争的加剧，使区域代理商、经销商赊欠严重、资金短缺、利润微薄、管理能力差、发展空间小等问题逐渐凸显。经销商如果不改变模式、提升自身在各行业链条中的地位，那么必然将被取代。

经销商转型方式

市场的主导权已经由企业端转向了需求端，产品的影响力、品牌的驱动力都在弱化。可口可乐、统一、伊利、娃哈哈等传统的品牌都已经失去了对市场的绝对控制力。因此，渠道商只关注商品、品牌，无须了解、掌握终端消费需求的传统经销商营销模式，已经不能适应当前的市场竞争态势。

分层化、小众化、个性化的市场需求，已经打破了以往大众化、规模化、批量化的市场格局。经销商必须由以产品销售为中心向以客户为中心进行转型，减少渠道环节，提升渠道效率，构建稳定、有效、有价值的市场网络体系。

经销商、批发商除了寻求与商家进行深度利益捆绑外，还必须将企业与互联网融合，扩充流量入口，进行数据化、精准化营销，掌控消费者、客户数据，洞察并满足市场需求，提升服务能力，构建独立自主的经营体系，改变靠商品和品牌生存的局面。

经销商商业模式的创新

下面，分享一个经销商商业模式创新的成功案例。从代理产品销售到提供解决方案，这家公司在价值链上处于不可取代的地位，并且成了一家上市公司。

立思辰公司创立于 1999 年，主营业务是办公设备的代理销售。经过几年发展，立思辰成了东芝公司在中国的第二家复印机授权经销商，此后其连续九年获得东芝复印机全国销量冠军。

向上游厂家批发产品，再卖给下游有需求的企业，这种营销模式是最简单的，却也是竞争最激烈的。上游涨价，下游压价；上游先款后货，下游先货后款。在这种模式下，经销商都会遭遇发展的天花板，很少有做大做强的佼佼者出现。那么，立思辰公司与普通的经销代理商有什么区别？

立思辰公司与美国办公设备制造商雷立环球公司的合作，成为其发展的转折点。立思辰公司从代理雷立产品的过程中获得的，不只是一个新的代理品牌，还有把握客户企业价值的方式。在为客户企业提供全方位服务时，雷立公司的着眼点是客户企业的业务，而非自己的产品，这一点启发了立思辰公司的服务意识。在经营过程中，立思辰公司意识到，不光产品有品牌，经销商也必须创造自己的品牌。

立思辰公司在以往销售产品的经验中发现，客户的需求是多种多样的。但是，上游厂家的产品往往只能满足部分客户的部分需求。

加之复印机技术复杂，客户大多并不懂得。所以客户在遇到问题时，不知道哪种产品可以解决问题，这时就需要一个帮助其满足这些需求的服务者。

生产厂家	批发、涨价 先款后货 →	经销商	零售、压价 先货后款 →	用户

传统经销商模式

当时大多数客户企业未被满足的需求是：一站式文件处理整体解决方案。文件形成的背后，是信息在企业内外部的传递。打印一份文件不是终点，而是文件处理的一个环节。立思辰公司将服务的范围延伸至文件的整个生命周期，比如，通过扫描将纸质文件转化为数字纸张，再通过光学字符识别技术进行加工，最终实现对文件的存储、分类和检索的有效控制。这样，服务就延伸到输入、检索、存储、信息安全、资产和成本管理等各个环节，可以满足客户在"文件生命周期"内出现的所有迫切需求。

立思辰公司与传统办公自动化公司的区别在于，既保持了办公自动化的优质服务特性，又秉承了信息技术公司的技术创新理念，可以快速响应并高效满足客户的需求。

在服务客户企业的过程中，了解客户的业务流程和行业特点，提供文件处理的应用软件开发、实施和升级服务，帮助客户企业建立文件处理系统，进而提升文件处理能力，更是立思辰公司的竞争力所在。当别的经销商仍在专注于产品代理及销售的时候，立思辰公司早已找到了更大的利益来源。

立思辰做的是上游厂家不做的工作，从而增强了客户对其的依赖度，即锁定了客户，提升了自身在厂家与客户企业之间的地位。

| 立思辰 | 一站式文件处理整体解决方案
提高文件处理效率、降低成本 | 企业用户 |

立思辰的商业模式

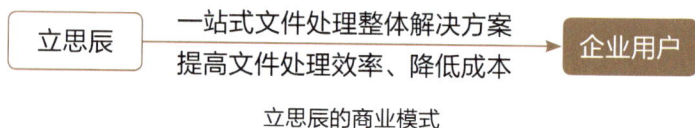

一方面，上游厂家的销售模式仍然是提供设备而不是提供服务。另一方面，作为一个多品牌的经销商，立思辰公司的第三方立场也起到了独特作用，针对不同客户的需求特点，立思辰公司可以根据产品的特性来提供不同设备的系统组合方案。比如，写字楼里的企业看重设备的环保性，而工厂则看重设备在操作时的可靠性和稳定性。上游厂家对各种各样的需求无能为力，因为它们只会推荐自己品牌的产品，而立思辰公司则不同，它会根据客户的不同需求提供有针对性的服务。针对不同行业、不同企业，从设备方案到应用软件开发、使用和售后服务，全面协助客户获取文件处理能力，提高效率，降低成本。通过不断提高增值服务的价值和深度，立思辰公司扩大了自身在市场中的话语权，从以前被上游厂商和下游客户筛选的产品经销商，转变为主动选择上游产品并为下游客户提供企业外包服务的咨询商和服务商。

立思辰公司转变为不断发展自己在文件处理领域内的咨询能力，成为客户信赖的业务顾问。其不仅在文件输出环节实现全负责，而且通过与客户前期的充分沟通，清晰地了解客户需求，在文件生命周期的前期就开始负责整个文件管理过程的规划。对于企业而言，这样可以将成本控制在文件处理成本的预算之下。凭借专业化和规模化的优势，立思辰公司进行精准的成本测算，承接外包客户全部文件的处理业务，从本来属于企业成本的领域中切下一块"利润蛋糕"。

此时，立思辰公司对设备和上游厂家的依赖程度越来越小。原来依靠代理厂家的产品赚取销售差价而生存，现在却依靠提供解决方案获得了客户的依赖，立思辰公司在市场竞争中的话语权已经越来越大。

从 2004 年大规模进行服务转型开始，立思辰公司文件外包服务的收入增长率已达到了 50% 以上，同期的销售额增长率约为 25%。2009 年 10 月，立思辰公司在深圳证券交易所上市。

接下来，立思辰公司由为客户企业提供一站式文件处理整体解决方案的服务商，转变为满足企业日常工作影像需求的合作伙伴，为企业提供包括文件解决方案、视频会议系统在内的诸多企业管理服务。

立思辰公司逐步形成了两大业务方向：以输入输出外设产品、存储技术为核心的数据全生命周期安全管控解决方案；以人工智能、大数据技术为基础的工业安全产品及解决方案。另外，还可以提供专业的信息安全系统与文印外包服务。

2013 年，立思辰公司又开始战略转型，截至 2019 年，立思辰公司已逐步将信息安全业务进行拆分，并对教育领域业务进行了重新布局，形成了以大语文教育、新高考服务以及智慧教育为核心的多板块业务布局。如今，立思辰公司已发展成集多个方向于一身的综合性大型教育企业。

企业转型升级的关键不在于企业掌握了多少高科技技术，也不在于企业拥有多少雄厚的资产，而是在于是否具备与众不同的价值创造意识。

在为企业提供咨询服务的过程中，也发现大量批发商、经销商缺乏创新思维，管理方式老化，何谈互联网融合，数据化生存！经销商未来发展的关键，在于与上游企业建立深度的利益关系的同时，进行服务升级、互联网融合。经销商、批发商应当认识到，他们不是没有机会，而是缺乏创新。

经销商如何转型为提供解决方案的服务者

什么是解决方案？为客户提供解决方案，就是针对客户的若干需求及困扰，提供一站式的解决方法，并确保其被有效实施和执行。**随着客户需求的多样化和复杂化，单一的产品或服务有时很难满足客户的深层次需求。这就需要企业对营销模式进行创新，为客户提供一种解决若干问题的方案。**

经销商最容易成为给客户提供解决方案的整合者，这需要企业能够敏锐洞察客户的需求，提供有效的服务。

通用电气的传统业务是电器制造，其产品包括灯泡、飞机发动机、机车、合成树脂等，应有尽有。这种多元化产品的商业模式，在20世纪七八十年代为很多制造商所采用。制造商们为了获得更大的成功，同时也为了在不同行业的不同产品上分散风险，纷纷通过收购、兼并等方式，扩大企业生产规模和业务领域。

但随着市场竞争的加剧，企业依靠市场份额已无法保证利润的来源。当时，通用公司的董事长，杰克·韦尔奇认识到，价值增长的潜力已转移至下游服务和融资活动上。韦尔奇认为，市场上任何产品，都存在更大的经济系统，而产品本身只是其中的一部分。

产品是利润产生过程的催化剂。产品一旦被买入，就需要维修、融资、更换零部件、技术升级等服务。通常，与这些"非产品"或"后产品"相关的销售，要比产品直接销售获得的利润大得多。

韦尔奇认识到，利润的重心正从产品移往产品售出后的阶段。所以，他利用了这种转移，改变了通用电气公司的价值获取机制，提出了为客户提供全套解决方案的口号。提供全套解决方案，就是要为客户提供产品以外的服务，其中最重要的，是提供金融服务。例如，信用服务、租赁和借款业务、设备经营管理、特别金融服务、市场中介金融服务等。

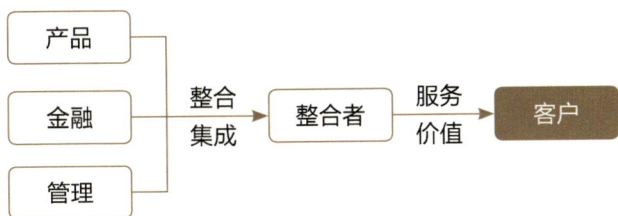

产品 ┐
金融 ┤ 整合集成 → 整合者 服务价值 → 客户
管理 ┘

通用的商业模式

通用电气公司的员工在与客户打交道时，总是站在客户的角度看待问题，为客户提供他们需要的一切，特别是金融方面的服务。通用电气公司的推销员在推销产品时，对产品只字不提，只向客户提出此类问题：客户在设备上的花费是多少？工厂生产出的产品中，损失情况怎样？在使用原料和设备过程中，遇到的最大问题是什么？在运输和后勤方面的资金投入是多少？然后，提供关于降低客户资金投入和融资成本的建议。并且联合通用电气公司的工程师与客户一起制定方案，使原料使用达到最优化。

通用电气公司为客户提供多方面的服务，使企业收入和利润不断增长。目前，通用电气公司40%的经营利润来自融资服务。通用电气公司已经不再局限于销售产品，而是利用它卓越的金融服务功能，为客户提供超值的问题解决方案，帮助客户发展，实实在在地为客户创造价值。

优秀的公司善于满足需求，而伟大的公司则善于创造市场。站在客户的角度看问题，想客户之所想，解决客户之所急，帮助客户成功，就是创造客户价值以及创造市场的最好方式。

中篇
逆势而上

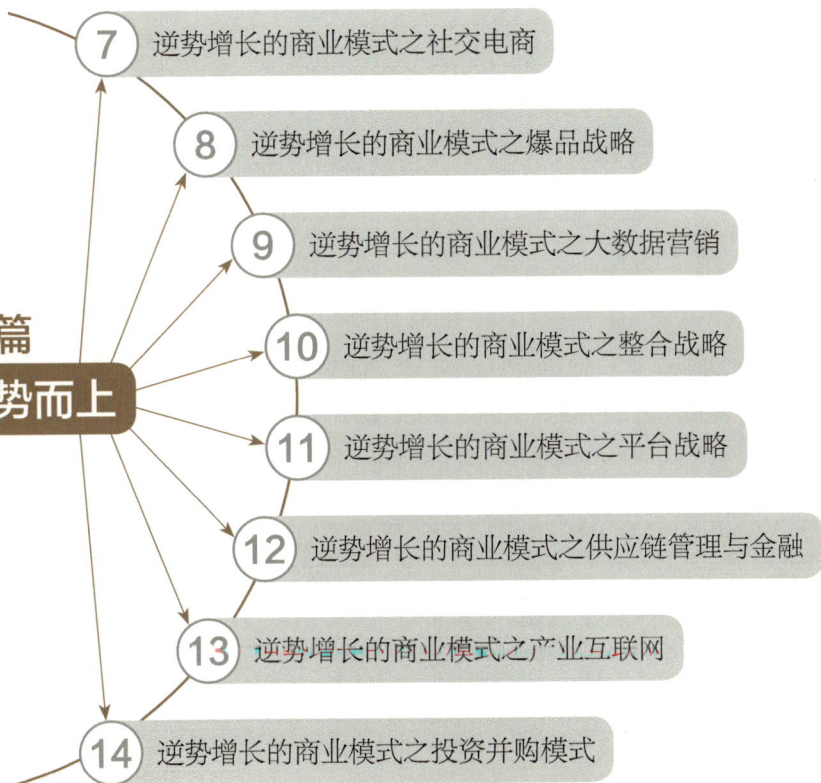

7　逆势增长的商业模式之社交电商

8　逆势增长的商业模式之爆品战略

9　逆势增长的商业模式之大数据营销

10　逆势增长的商业模式之整合战略

11　逆势增长的商业模式之平台战略

12　逆势增长的商业模式之供应链管理与金融

13　逆势增长的商业模式之产业互联网

14　逆势增长的商业模式之投资并购模式

第七章　逆势增长的商业模式之社交电商

　　流量是所有企业营销的核心，无论在线上还是线下，"流量为王"这一规则都可适用。但是，近几年，传统的线下渠道日渐萎缩，营销费用持续上涨，许多面临着同质化的产品的流量得不到保障。第三方电商是绝大部分传统企业愿意尝试的线上营销模式，但事实是，并非所有的传统企业都能够在电商模式下获得成功。这是因为：首先，电商平台的入驻成本、流量成本直逼线下渠道，费用不断增加；其次，经过近十年的发展，第三方电商增长乏力；再次，很多传统企业对于电商运营仍然不够了解；最后，一些中小企业，根本支付不起高额的流量成本。

从公域流量到私域流量

　　以电商流量为主的淘宝、京东、拼多多，与以信息流为主的新浪、腾讯、今日头条，都是公域流量池的典型代表。实际上，公域流量的范围要比这些还要大得多，大众点评、美团、58同城等地域服务性质的平台，也是公域流量的一部分。

　　私域流量是基于好友关系的信任流量，可以理解为基于某种社交关系而产生的双向交集关系，我们可以称为"信任度"。比如，微信好友基本上都是家人、朋友、亲戚、同学、同事等。**私域流量就是一个基于信任关系构建的封闭性平台中的流量池**。比如，微博粉丝、微信好友等，就是账号所有者的"私域流量"，花椒、映客、抖音、快手、小红书等应用程序，也都是这一类属性的社交传播平台。

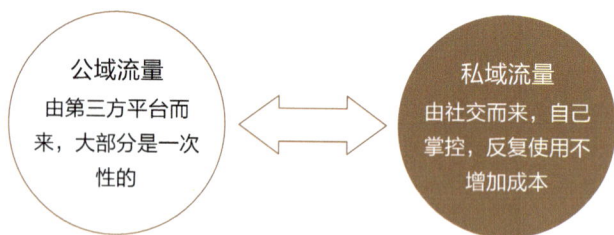

公域流量与私域流量的区别

目前，大多数第三方电商的公域流量成本变得越来越高，而转化率却得不到保证。因此，基于社交属性的私域流量变现，成了很多企业的首选。

社交变现——基于社交的流量价值

企业用付费的方式依托第三方平台获取公域流量，但是不能完全掌控其流量的分发。其优点仅仅在于流量获取方式相对简单，付费可得，而缺点是，每次流量使用都需支付高昂的费用。

私域流量则完全由企业自己掌控，自由进行流量分发及内容推介，不会出现额外付费或因携带链接与二维码而被平台限制的情况。私域流量的优点是商家直接触达用户，无须付费，也没有限流。这种直接触达用户的方式，有利于增加用户信任感。另外，私域流量可被反复利用，更适合于复购属性强的产品，有利于增加复购率。

私域流量变现的本质在于，社交裂变产生极大的经济价值。社交电商作为电子商务的一种新的模式，是以用户的社交关系链为基础，通过人与人之间的联系、互动、分享等方式来影响、引导用户产生购买意愿和行为的电子商务模式。

传统营销流程	VS	社群营销流程

花钱买流量

吸引需要的人

激起购买欲望

促销引起购买

复购

用户价值吸引

与用户对话

营造社群氛围

促使客户参与和传播

传统营销与社群营销区别

拼多多用了三年多的时间就实现了成功上市，它的快速成长，拉开了社交电商的大幕。与此同时，淘宝推出了"淘小铺"，京东推出了"京喜"，小米推出了"有品有鱼"等，都开始抢占社交电商的"风口"。马云认为，电商冲击了实体店，而新零售模式即将冲击纯电商。纯电商时代已经过去，未来十年将是新零售模式的时代，也就是社交电商的时代。

目前，社交电商的零售模式还被许多实体制造企业付诸实践。比如娃哈哈推出的"妙眠"，达利园推出的"芙罗塔"，王老吉推出的"吉悠"，都是依托社交电商推出的新零售品牌。

经营人群是社交电商的核心

社交电商的核心理论为新 4C 理论，其中 4C 是指场景（context）、社群（community）、内容（content）、连接（connection）。理论内容为：在合适的场景下，针对特定的社群，通过具有传播力的内容，利用社交关系进行人与人的连接，以快速实现商品的传播，获得有效的裂变，从而实现商品销售额的突破。

这两年，笔者曾为一家白酒企业提供过咨询服务。贰拾肆家，是一家由几位西安理工大学的校友通过众筹和社交方式发展起来的白酒企业。企业销售额在 6 个月后达到 2000 万元，在两年内达到 1 亿元。如果运用传统的方式，如品牌代理、电商等，就会面临白酒行业品牌林立，种类繁多的激烈竞争形势。因此，传统方式很难让企业快速获得大规模的流量和销售额。

股权结构决定着众筹性公司的生死。很多众筹公司成立迅速，但消亡也非常快，其主要原因为：无人主导运营，公司自生自灭；产品销售日渐萎缩，无法裂变；后来者进入体系，无归属感；股权结构封闭，无法融资。

贰拾肆家白酒公司通过构建创始股、运营股、投资股的方式，让股权结构合理化，既提升了价值，又赋予其控制性。

贰拾肆家白酒公司的 4 位核心创始人，发展了 24 位联合创始人，24 位联合创始人又发展了 72 位核心会员，共筹集了 1000 万元创始资金。每一个会员都可以拿到低折扣的白酒，同时可以获得三大收益：产品收益、裂变收益、股权收益。企业利用微信小程序建立商城，快速实现销售、裂变、服务和管理客户。同时，开拓定制渠道，满足客户个性化需求，如婚宴定制、家宴定制、生日宴定制、节日定制等。并且策划不间断的活动，以吸引消费者。令人惊讶的是，如此成功的白酒企业，其创始人却没有一人从事过白酒的销售，他们只是利用了创新的社交电商模式，利用"私域流量"的导入获得了成功。

贰拾肆家白酒公司获得成功的关键因素在于：

第一，调整顶层战略。股权是最有价值的商品，很多创业公司最初都将股权当作产品"销售"给投资人或投资机构，获得启动资金。而贰拾肆家白酒公司前期则是利用创新的商业模式获得投资者的投

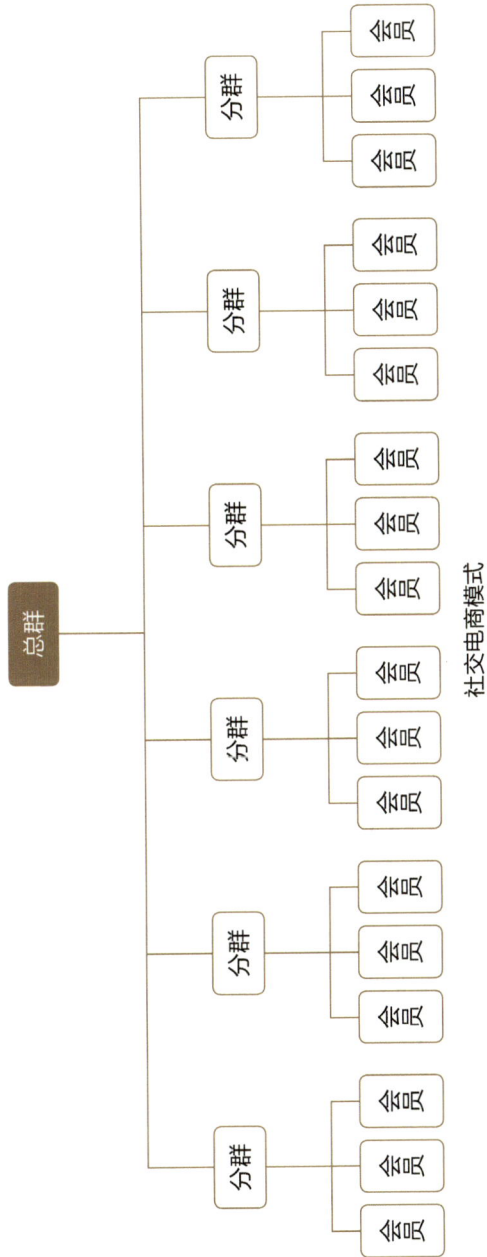

社交电商模式

总群

分群
　　用户
　　用户
　　用户

分群
　　用户
　　用户
　　用户

分群
　　用户
　　用户
　　用户

分群
　　用户
　　用户
　　用户

分群
　　用户
　　用户
　　用户

分群
　　用户
　　用户
　　用户

资得以启动的。

第二，设计商业模式。好的模式会产生重复收益。在良好的商业模式下，企业获得的不是一次性收益，而是重复性收益。贰拾肆家白酒公司可以让参与者获得产品收益、裂变收益、股权收益等多重收益。

第三，创新营销体系。良好的营销手段会自动发生裂变。贰拾肆家白酒公司运用社交电商模式激活参与者的私域流量，产生变现价值。

第四，拔高品牌维度。卖的不是产品，而是情怀和品质。贰拾肆家白酒塑造了独特的品牌文化，可以让参与者产生情感共鸣。

社交电商的核心在于流量，而流量的核心在于社交。过去，社交只会产生情感联结，而在互联网时代，社交却能够产生商业价值。传统渠道的产品包含着各个环节的费用，而这些费用全部由消费者买单。如今，通过社交，企业可以把产品直接送达消费者手中，使消费者买到性价比更高的产品。

"经消合一"让用户深度参与

2015 年，云集 App 正式上线。2016 年，会员数量达到 90 万，平台内交易额达到 18 亿元；2017 年，会员数量达到 230 万，交易额达 96 亿元；2018 年，会员数量猛增至 740 万，交易额达 227 亿元；2019 年，云集在美国纳斯达克上市，市值超过了 30 亿美元。

云集采用的是通过集合供货商赋能于渠道商，并共同服务于顾客的全新电子商务营销模式，即 S2B2C 商业模式，把个体和电商平台进行了融合。平台鼓励个人开店，成为店主，为其消费者提供售后服务，并对个人店主进行系统化培训，使其更具专业性。

S2B2C 模式最早由阿里巴巴集团执行副总裁、参谋长曾鸣提出。它的核心理念是，由大型供应商，帮助小型商家向顾客销售商品，使供应商和商家直接且共同服务于消费者。

云集初期在产品方面降低库存保有单位，即采用打造爆款的策略。在用户方面，则采用了多级分销的方式，实现了社交裂变的扩散。

为了吸引更多新店主，云集将产品利润让步给用户。用户只要在平台上缴纳 398 元会员费，就可以成为会员，并同步开启个人店铺，享受自购优惠。另外，用户在推荐别人购买云集产品时，可获得 5%～20% 的提成。和拼多多提出的"为你省钱"不同，云集凭借着这套"帮你赚钱"的逻辑，在成立仅一年时就集结了 30 多万名店主，其中不乏微商达人。

云集率先开启 S2B2C 模式下的会员电商模式，目前已迎来了红利期。云集以会员价值为导向，凭借"社交推荐＋高标供应链"的会员电商模式，在社交电商赛道实现了"超车"。

社交电商成功的关键，在于以下六点：

第一，会员制消费。锁定用户，让用户变成企业的会员，针对会员特点进行差别化的服务和精准化的营销，提高了用户忠诚度，使用户自愿传播分享产品资讯与企业理念，实现了与用户的深度互动。

第二，经消合一。过去，经营者与消费者是分离的。在互联网时代，随着创客化的进行，个体创业者越来越多，消费者逐渐深度参与到企业经营中。消费者变成经营者，既可以享受产品，又可以利用自有的私域流量进行产品分销，从而获得收益。社交电商很容易让消费者变成经营者，从而进行市场裂变，同时，也可以让消费者的创业成本变得更低。

第三，源头直供。互联网的使用，使企业和企业、企业和消费者、消费者和消费者之间的交流变得更加方便。企业不再用需要传统的经销商来完成产品的销售和交付，而是直接与消费者对接。做社交电商的企业必须有自己的产品，而不是仅以产品代理的身份进行产品分销，这样才能在面对上游工厂时，掌握话语权。

第四，高性价比。企业要有爆品思维，为客户带来"五星级产品，三星级价格"的感受。企业要将用户体验做到极致，将渠道成本、广告成本节省下来，让利给用户。

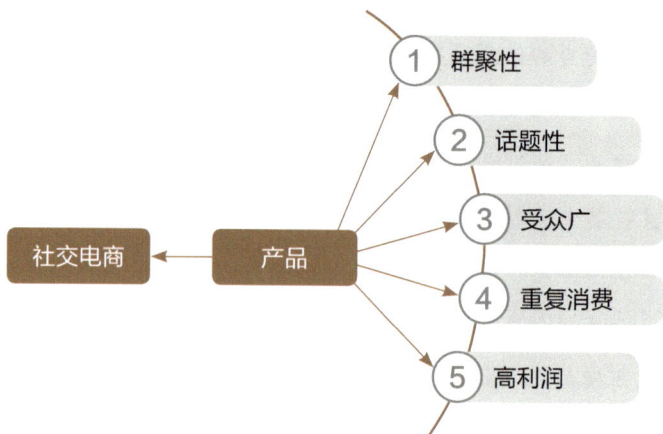

何种产品适合做社交电商

第五，聚焦精准群体。企业面向的用户群体要有明显特征，最好是细分市场，不能大而全地涵盖所有人群。比如，贰拾肆家白酒公司针对的是常年饮酒的男士商务人群，云集 App 针对的是"宝妈"、年轻女性等。

第六，构建共性的价值平台。企业要构建一个吸引大众的价值平台，这个平台除了具备利益属性之外，还要具备文化属性。提炼品牌价值，以文化来吸引用户，如健康平台、商务交流平台、知识分享平台等。

如果您的产品具有群聚性、话题性、受众广、重复消费、高利润等特点，那么您不妨尝试一番社交电商的模式。

其实没有传统的行业和市场，只有传统的思维和模式。在良好的模式下，企业及其产品销售自然能够获得成功。

第八章　逆势增长的商业模式之爆品战略

进入互联网时代，传统的产品战略已经不再灵验，取而代之的，是以客户个性化需求为精准导向的"爆品战略"。何为"爆品战略"？用小米公司创始人雷军的话来讲，所谓"爆品战略"，就是找准用户的需求点，直接切入，做出足够好的产品，集中所有的精力和资源，在这一款产品上做突破。也就是我们讲的单点突破，互联网最核心的打法就是单点突破。通过传统的产品组合来满足客户需求的"货架战略"，已逐步被"爆品战略"替代。"爆品战略"代表着以用户思维为导向的研发、生产、营销，代表着基于用户需求、允许用户参与的新兴产品战略过程。

爆品战略的基础是价值感受

过去，企业大多追求产品定位策略，希望使品牌成为某个品类的代名词。例如，喜之郎是果冻的代名词，格力是空调的代名词，高露洁是牙膏的代名词，公牛是插座的代名词……这种产品竞争方式需要企业支付极高的推广费用。进入互联网时代，产品竞争极度激烈，任何一个行业都有大量的竞争对手在争夺市场，仅仅依靠产品定位，不会让企业获得竞争优势。

更重要的是，新生代消费群体的消费习惯与上一代相比，已经发生了变化。他们追求自我，向往与众不同的个性。他们在享受商品基本功能之余，更希望能够获得审美体验与内部愉悦，从而进一步升华学识修养、个性追求、生活品位和社会地位。在消费心理方面，新生代消费群体的消费习惯主要有以下特点：第一，追求时尚与新颖，追求个性化；第二，具有猎奇心理；第三，喜欢分享炫耀；第四，具有从众与攀比心理；第五，追求体验感；第六，保持理性。

江小白，关于朋友、理想、爱情、心情的语录引起了年轻人共鸣。褚橙，关于励志、永不放弃的精神引发了大众认可，也被迅速传播。

- 三只松鼠 = 快乐的零食
- 江小白 = 有情绪的白酒
- 褚橙 = 永不放弃的励志精神
- 小米手机 = 年轻人的手机
- 喜茶 = 可以晒朋友圈的奶茶
- ROSEONLY= 爱情的唯一

因此，**企业产品策略的重心，必须从"定位"上升到"价值感受"，使产品价值与新生代消费群体产生共鸣**。在这一过程中，企业应当注意以下几点：

第一，细分市场，挖掘有前景的小众需求。聚焦某类人群的小众产品越来越容易成为市场的宠儿，如自拍杆、车载净化器、手机电风扇等。这类小众产品既避免了与大众产品发生竞争、对抗，又在小众人群中树立了专业的地位。因此，此类产品进行市场突围的成功率更大。小众人群通常具有明确的族群标签和明显的聚集性，既易于与大众区分，又易于寻找。

第二，高颜值包装，抓住用户的眼球。"颜值"来源于网络用语，表示外表靓丽的指数。网红、明星频繁整容的现象说明，这是一个注重"颜值"的时代。产品亦如此，大多数消费者首先关注的不是产品功能，而是产品的外在形态和包装。高颜值的产品往往更容易受到大众欢迎。

第三，重视用户体验度，让用户乐在其中，无法自拔。用户体验是指，用户在使用产品过程中的全部感受，包括情感、喜好、印象、心理、行为等各方面。简言之，良好的用户体验，就是用户在使用产品后，感到其实用性佳，内心获得了满足感与愉悦感。消费者在没有体验产品之前，对产品所有的认知都是通过广告或者他人推荐产生的，在体验产品后，消费者变成使用者，对产品更有话语权。用户体验会随着朋友圈或者微博进行快速传播，对众多消费者产生影响。

第四，超高性价比，让用户感到物超所值。何为"物超所值"？例如，消费者在服装店看到某款衣服时，认为其面料不错，款式新颖，依照以往的购物经验，对其心理定价为 500 元，查看价格后发现定价仅为 98 元，就会感到"物超所值"。商家在为爆品定价时，一定不能把价格定得过高，建议定价时朝着满足 80% 的目标消费者的价格预期去考虑。在互联网时代，企业不再依靠传统的层层批发渠道，而是可以直接触达客户，把中间渠道成本省去，直接为消费者让利。

低成本获取流量

打造爆品的核心目的是获取流量。传统企业营销的流量，通过"门店 + 渠道 + 品牌"的方式获得。比如，沃尔玛通过在各大城市开店来增加曝光率，在全球拥有上万家门店，让顾客对沃尔玛品牌形成认知，并增加信任度，从而促进顾客进店消费，此为以门店为主的方式；国内许多传统企业，依靠代理商销售产品，形成了强大的市场竞争力，此为以渠道为主的方式；安踏、特步、鸿星尔克等品牌，在央视平台投放广告的同时，在线下快速拓展店面，此为以品牌为主的方式。以上均为传统流量获取方式。

以传统的营销方式获取流量已经越来越难，且成本也越来越高。企业采用"爆品战略"，是希望利用产品与用户建立关系。小米公司是将"爆品战略"运用到极致的企业，任何一款小米产品都有着超高的人气，能够与用户快速建立联系。例如，传统移动电源容量小、价格高、颜值低，而小米移动电源容量大、价格低、颜值高，从而迅速引爆市场，在短时间内售卖千万台。

在给用户提供产品的同时，更要提供产品使用的场景。一撕得纸箱就是这样一款产品，企业充分考虑到层层包裹的快递为消费者带来的困扰，设计了一款一拉就能撕开的纸箱。产品果然引爆市场，在一年内售出了几亿个。

打造爆品需要抓住消费者的痛点。如何寻找痛点？这需要从人性的角度去思考，"懒、贪、色、欲、乐"是人性的弱点，谁能抓住用户的痛点并满足其心理需求，谁就能够在竞争中胜出。比如，美图秀秀的设计团队抓住了女性爱美的心理，打造出具备一键美颜、自然美妆、面部重塑、瘦脸瘦身等功能的图片处理软件，满足了年轻女性对于外形的痛点需求。目前，已有超过两亿人在使用美图秀秀 App。

任何一家企业都需要有一款流量爆品，用产品拉动用户流量。售价仅为 149 元的小米手环是小米公司的流量产品，售价仅为 8 元的平底锅是宜家家居的流量产品。这些企业用爆品吸引了大量用户，并根据用户反馈不断改进，快速更新迭代，使产品不断升级。

基于爆点法则的营销，让企业不必浪费广告费用。传统的广告营销时代有一个通用的说法，"广告费总有一半被浪费了，但是企业不知道浪费在什么地方"。其实，原因在于，企业广告依托传统的媒体和渠道，无法找到精准的用户。**在互联网时代，依托爆品思维，企业营销通过社交**

传播，放大痛点，可以使产品迅速引爆市场，同时精准针对有痛点需求的用户，不会产生"资金浪费"。

找到核心痛点，迭代升级

企业打造爆品，一定要找准核心痛点。不妨来看一个失败的案例，2010 年，快书包公司推出了一小时快速读书服务，两年后该公司却销声匿迹了。这是因为一小时快送对用户阅读而言，不是核心痛点，图书品类、价格才是，所以这家公司很容易被当当、京东、亚马逊等公司秒杀。

旧的爆品会被新的爆品替代。例如，任天堂游戏机曾是狂销一亿多台的爆品，但 2011 年却遭遇了销售额暴跌，这是因为受到了智能手机游戏功能的冲击，智能手机将其取代成了新的爆品。

爆品是市场竞争的产物，如今的竞争与传统意义上的竞争已经大不相同。传统意义上的竞争基本上是指行业内、企业间的相互厮杀，但如今，外行"打劫"内行的竞争现象早已屡见不鲜，如联想公司卖蓝莓，天地一号公司卖猪肉。**现在的竞争已不再限于行业内，跨行业竞争已经成为企业发展过程中不可回避的事情。**

近几年，许多企业的自我提升意识明显加强，企业管理者们采取了许多措施，如强化学习以塑造企业文化，改进设备以提升产品品质，加大推广力度以塑造品牌等。但是，产品整体销量和企业发展态势并没有明显的起色。这些不尽如人意的结果，加剧了企业对未来的迷茫、焦虑和恐惧。

根本原因是，人们没有意识到新的竞争时代到来之后，竞争的本质已经发生了改变。如果企业还在用传统的竞争手段去参加竞争，结局必定是失败。

随着竞争本质的变化，营销理论也发生了巨大变化。20 世纪 60 年代，杰瑞·麦卡锡教授在其著作《营销学》中提出 4P 理论，即产品、价格、促销、渠道，时至今日，营销理论经过了 4C、4S、4R、4V、4I 的演变。特别是互联时代，大数据的应用让企业的营销变得更加精准和有效。

- 营销 4P 理论：产品、价格、促销、渠道
- 营销 4C 理论：消费者、成本、便利、沟通
- 营销 4S 理论：满意、消费者、速度、诚意
- 营销 4R 理论：关联、反应、关系、回报
- 营销 4V 理论：差异化、功能化、附加价值、共鸣
- 营销 4I 理论：趣味、利益、互动、个性

因此，在新的竞争时代背景下，企业在打造具有超强竞争力的爆品的同时，也要跟上时代，建立体系化的营销模式，才能赢得市场竞争。

第九章

逆势增长的商业模式之大数据营销

大数据营销，是基于互联网产生的巨量数据进行营销的过程。大数据营销可以帮助企业精准地找到目标客户，并敏锐地洞察客户需求，完成产品销售。传统的企业营销方式是把产品通过渠道展现给模糊的客户群后，等待客户购买。大数据营销则是通过数据分析可以精准分析需求，匹配客户，根据客户需求再进行产品的生产及推广，以此降低企业的营销成本，提升企业的营销效率，为企业带来更高的利润。

大数据为什么能够让营销更加精准

消费者的消费需求越来越个性化，传统营销模式已然过时，大数据营销模式正是一种可以更好地迎合用户需求的新型模式。

大数据，是指无法在一定时间范围内利用常规软件进行捕捉、管理和处理的数据集合，是在新处理模式的挖掘下能够表现出更强的决策力、洞察发现力和流程优化能力的海量、高增长率和多样化的信息资产。

应用大数据技术的意义不在于掌握庞大的数据信息，而在于对这些数据进行专业处理，进而为企业发展、产业发展、社会发展做出巨大贡献。如果把大数据比作一种产业，那么这种产业实现盈利的关键，就是提高对数据的"加工能力"，即云计算，通过"加工"实现数据的"增值"。

对大量消费者提供产品或服务的企业，可以利用大数据进行精准营销。大数据营销只是大数据应用的一种方式，大数据的价值远不止营销

071

这一层面。

大数据营销，就是利用大数据技术帮助企业进行精准营销。企业依托大数据技术，对海量数据进行收集、分析，获得对市场和消费者的洞察结果，并以此来鼓励客户参与，优化营销结果。

大数据技术为什么能够帮助企业实现精准匹配用户与精准营销？大数据技术的核心就是预测，把海量的数据代入数据算法，并且预测未来事件发生的概率。**企业可以通过大数据分析，使用户的画像越来越清晰，从而轻易地了解客户的基本信息、行为轨迹、心理预期、性格偏好，实现个性化、定制化的产品和服务输出。**通过搜集海量的消费者数据，使消费者的每一个行为都可以被记录、被分析，企业不用再盲目预测，而是可以精准地预测未来消费者的每一点需求，进而将产品和需求有效对接，促进购买行为的产生。

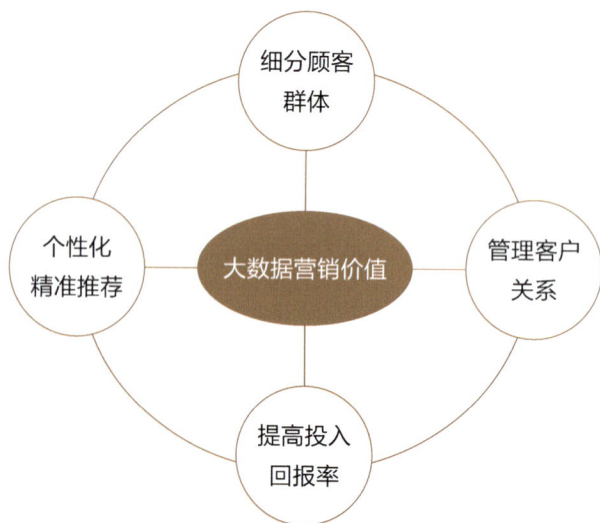

細分顾客群体

个性化精准推荐

大数据营销价值

管理客户关系

提高投入回报率

大数据营销的价值体现

除此之外，在购买过程中，消费者会受到相当多的诱惑，其消费决策有可能在极短的时间内发生改变。大数据分析可以帮助企业更加客观地掌握消费者购买意向的变化趋势，使企业在最短时间内对消费者做出最准确的判断，从而提升营销的时效性。

大数据的来源应该是多方面的，多平台的数据采集才能让企业得到的数据更加精准，得出的结果更有价值。消费者在互联网上留下的痕迹，都将成为企业了解消费者的重要依据。这些数据会将消费者的需求、意愿及喜好等，编织成一张网络，关联到消费者生活的各个方面。

Farecast 是全球最早帮助消费者预测机票价格走势的一家美国公司。这家公司搜集了海量的飞行数据，对每一条航线、每一架飞机的每一个座位的票价都进行了记录。根据这些记录进行数据分析，帮助消费者找到预订机票的最佳时机，可以帮助消费者平均每张机票节省 50 美元。

大数据已经变了最值钱的资本，众多公司的估值高低都与其拥有的数据有着莫大的关联。

大数据营销可以应用在企业营销的各个方面，如客户关系管理、产品设计、新品研发、物流运输、用户画像构建、企业内部管理、风险管控等。总体而言，大数据营销的应用包含以下六个方面：

大数据在营销中的应用

第一，消费者洞察。客户在哪里，利润就在哪里。只有企业深入了解目标客户，把对的产品销售给对的客户，才是成功的营销。企业竞争的关键，除了产品质量之外，更重要的是了解产品市场和客户的真实需求。企业可以通过大数据库，分析客户的购买行为和消费心理，针对目标客户的偏好，进行精准的产品推送。

第二，产品定制化。企业运用大数据技术可以有效地测试产品、服务、流通渠道、目标市场的具体情况，还可以针对营销工作的具体步骤，得出可量化的实施数据，再通过具体的实施数据调整产品生产参数、运输方式、营销方案等。在大数据的背景下，营销的方向不再迷茫，企业营销是以真实数据得出的结论作为依据而采取的真实有效的方法。

第三，推广精准化。大数据营销过程中，企业通过积累足够多的客户数据，分析和挖掘出产品使用人群的基本特征，再以此为基点，研究目标人群的购买偏好、行为习惯、社会阶层、男女比例、年龄组成等基本信息，做到"比客户更加了解自己"。然后，经过分析，为产品找到最合适的推广方式，实现推广的精准化。

第四，提高企业营销支出效益。营销的目的在于赚取利润，但营销需要投入，这也是毫无疑问的。从前，营销的投入往往遵循着"二八定律"，许多营销人士抱怨，总有很大一部分资金投入到了没有产生效益的营销活动上而他们却无法在投入资金前准确判断营销手段的成败。然而，大数据分析使营销手段的精准性大幅度提升，使营销再也不是"无的放矢"的粗犷行为，让企业的每一笔营销支出都能得到可观的收益。

第五，更有效地维系客户关系。建立强大的客户数据库，根据客户真实的行为和心理，进行客观的数据分析，预测客户未来的需求，及时与客户进行沟通，抢先占领市场，为客户提供深层次的产品和服务。了解、洞察、挖掘客户的需求，有利于无限提升客户对企业的黏度和忠诚度。例如，当用户长时间没有使用滴滴打车软件时，系统经过大数据分析，将会把优惠券信息以短信或者消息推送的方式精准地发送到用户的手机上，以此刺激消费。而每天都会使用滴滴打车服务的用户则不会收到这些推送信息，但是可以收到其他优惠消息的推送，这是利用客户大数据维系客户关系的典型案例。

第六，发现新的市场空间。生活水平不断提升，人们的需求日益旺盛，新的市场不断涌现。企业通过构建大数据库，针对自身产品和服务特性，及时预测和发现新市场的方向和定位，可以有效地为企业奠定未来竞争优势。通过市场数据收集与分析，分地区、分人群、分年龄、分性别、分阶层地得出客观的市场数据，进而策划相应的营销活动。

大数据营销的基础：搜集数据

大数据技术的确让企业的经营和营销更加高效。比如，国际商业机器公司利用分析模型确定电动汽车电池充电的最佳时间和地点，百度利用人们上网浏览的页面和输入信息推荐广告，去哪儿网利用机票销售数据预测未来的机票价格。

数据从何而来？企业应该如何获取大数据从而进行精准营销？很多企业对于大数据的获取一头雾水，其实，大数据的采集、获取有多种形式。企业可以应用的大数据采集方式，主要有以下几种：

第一，线上交互数据采集。通过容易传播的在线活动或类公益互动等形式，在与用户产生交互的过程中实现数据的采集。以这种方式进行数据采集，成本比较低，速度比较快，范围比较广，甚至可以在很短时间内实现大范围的用户裂变，从而使企业爆发式地收集数据。对用户而言，既可以免费得到相应的互动娱乐，又可以表达自我。对企业而言，既可以采集用户的基础数据，又可以采集用户的地理位置、行为偏好、兴趣爱好及消费偏好等深层数据。因此，这是一种非常适合企业的入门级数据采集方式。线上交互数据采集的常见方式主要包括：公益类活动交互数据采集、测试类交互数据采集、投票类交互数据采集。

公益类活动交互数据采集，是指企业利用大众乐于参与，且参与成本比较低，参与方式比较简单的公益传播活动，让用户在参加活动的同时传播活动，进而形成裂变，使企业最终实现大范围的数据采集。最典型的案例为，2017年建军节期间，人民日报发起"穿上军装活动"，用户只需上传一张照片，即可让照片中的自己穿上不同年代的军装，让大众体验了一身戎装的感觉，活动上线两天浏览量破两亿次，短短几天，迅速风靡全国，数据采集的规模和速度令人咂舌。

测试类交互数据采集，是指通过趣味性的性格测试、人格测评、情商测验等测试类互动，形成互动表达和信息传播，从而收集相应的数据。此类互动，无论形式怎么改变，本质上都可以帮助人们满足自我认知，自我表达和自我传播的需求。此外，还可以根据时下热点进行改进，所以一直以来长盛不衰。

投票类交互数据采集，是指通过组织投票活动，极大地引起用户的兴趣和关注，然后以拉票的方式快速调动用户进行主动传播，穿透用户的社交链，形成低成本的快速传播，从而获取更多的数据。

第二，浏览器页面数据采集。主要收集网页页面的浏览日志和交互日志数据。通过在页面上植入相应的数据采集代码，采集网页浏览日志和交互日志数据。既可以在页面功能开发过程中手动写入代码，也可以在项目运行的时候，由服务器在相应页面动态植入代码。在采集到数据之后，既可以立即发送到数据中心，也可以在简单整理之后，延迟发送到数据中心，具体策略根据不同的需求场景决定。完成页面日志数据收集后，需要进行一定的分析和预处理，比如清洗假流量数据、识别攻击、补全数据、剔除无效数据等，最终形成有效数据。

　　第三，客户端日志数据采集。通过企业自有的客户端进行数据采集，利用在项目开发过程中写入的代码，进行客户端的数据采集。客户端数据的采集具有高度的业务特征，自定义要求很高，除应用环境的基本数据以外，还要按用户行为来采集数据，例如，点击、打开、登录、操作流程等。

　　客户端日志数据采集的优势在于，信息可以和用户 ID 绑定，使数据和唯一的 ID 相互关联，从而更精准地获取用户行为数据和分析数据。此外，在采集数据时，还要注重标准化与规模化。只有采集的方式标准化、规范化，企业才能最大限度地减少数据收集成本，提高数据收集效率，更高效地实现后续的统计计算。

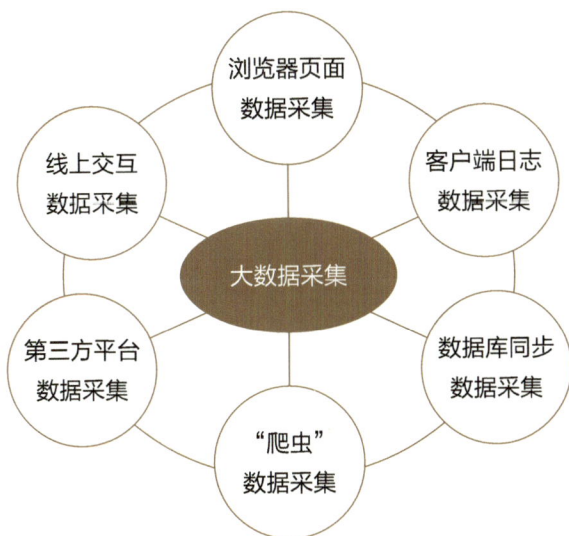

采集大数据的方式

　　第四，数据库同步数据采集。直接将数据库进行交互同步，进而实现数据的广泛采集，根据同步的方式可以分为：直接数据源同步、生成数据文件同步、数据库日志同步。

直接数据源同步，是指直接连接业务数据库，通过规范的接口读取目标数据库的数据。

生成数据文件同步，是指从数据源系统生成数据文件，然后通过文件系统同步到目标数据库。这种方式适合数据源比较分散的情况，但是管理者在数据文件传输前后必须校验，同时还需要适当地进行文件的压缩和加密，以提高效率，保障安全。

数据库日志同步，是指基于源数据库的日志文件进行的同步。大部分数据库都支持生成数据日志文件，并且支持用数据日志文件来恢复数据。因此，可以使用数据日志文件来进行增量同步。这种方式对系统性能的影响较小，数据同步效率也较高。

第五，"爬虫"数据采集。通过"网络爬虫"的方式，在网站上获取数据信息，通过"爬虫"采集的方法可以将非结构化数据从网页中抽取出来，将其存储为统一的本地数据文件，并以结构化的方式存储，同时支持图片、音频、视频等文件或附件的采集。大数据时代，"网络爬虫"更是从互联网上采集数据的有力工具。目前已知的各种"网络爬虫"工具已经达到上百个，常用的"爬虫"采集器有如下五种："火车"采集器、"八爪鱼"采集器、"神箭手"采集器、"关关"采集器、"后羿"采集器。

第六，第三方平台数据采集。目前有很多平台提供数据分析服务，企业根据自身情况，可直接使用此类平台的数据结果，常见的数据分析平台如下：

1. 百度指数：百度旗下以百度用户行为数据为基础的数据分享平台，支持查询需求图谱。

2. 艾瑞指数：移动 App 指数、PC Web 指数、影视指数、广告指数、移动设备指数的查询工具。

3. 阿里指数：反映淘宝平台市场动向的数据分析平台。

4. 360趋势：支持地区最热新闻、中国人返乡热度、诈骗地图等信息的查询。

5. 腾讯大数据：发布与腾讯公司息息相关的研究报告，常会出现一些比较有趣味性的专题。

大数据营销的核心：用户精准画像

过去，企业对消费者进行调查与分析，依靠的是抽样调查。但因为样本数有限，使得企业对消费者需求的分析结果并不精准，企业只能泛泛地分析某类群体。而互联网时代，消费人群愈加细分化，消费者的形象被数据描摹得越来越清晰、具体、精准。总之，大数据时代是用户画像精准化、用户消费行为数据化的时代。

与传统的线下会员管理、问卷调查、购物篮分析相比，大数据技术使得企业能够通过互联网便利地获取更为丰富的用户反馈信息，这为进一步精准、快速地分析用户行为习惯、消费习惯等重要商业信息，提供了足够的数据基础。随着对用户了解程度的加深，企业得到了一幅幅完美而抽象的用户精准画像，这可以看作企业应用大数据技术的直接目的。

何为用户精准画像？

大数据时代，企业在营销过程中，获取的用户信息越多、越精准，对用户就越了解，营销的效果也越明显。于是，企业开始利用大数据构建用户画像，希望通过清晰的用户画像来指导营销工作的开展。

简言之，用户画像就是以用户的自然属性、社会属性、生活习惯、行为轨迹、兴趣爱好、消费水平等信息为依托，描绘出的可数据化的标签。这些标签是从用户身上高度精炼而成的特征标识，涵盖了用户的背景、年龄、学历、收入、习惯、需求等信息。企业拥有用户画像后，就可以对用户的需求做出精准的分析，继而可以进行精准营销。因此，给用户"贴标签"，是构建用户画像最核心的环节。

例如，李某，男，38岁，山东人，在北京工作，金融业，投资顾问，年收入50万元，已婚，两套房，有孩子，喜欢社交，不爱运动，喝白酒，消费力强……用户基础信息可以通过其注册信息获得，但更深层的信息，用户并不会直接向企业透露，企业需要建立数据模型才能将其计算出来。只有了解了这些"标签"，才能够精准地了解用户的需求。

如何构建用户画像？构建用户画像，要从用户本身、时间和空间三个方面来进行。

第一，用户的基本信息分类。企业在构建用户画像的初期，要尽量全面而准确地了解用户的信息，此为静态数据汇总。用户的自然属性、社会属性等，是相对稳定的数据，因此我们称其为静态数据。其中，自然属性包括性别、年龄、健康状况等，社会属性包括社会阶层、收入、消费观念、家庭组成等。

通过对用户的以上数据进行整理和汇总，企业可以十分清晰地将目标用户的静态信息分析出来，并将其作为划分用户类型的依据。

第二，用户的行为轨迹。营销管理大师菲利普·科特勒认为，用户的行为轨迹从时间层面而言，共分为五个阶段，即产生需求、商业信息收集、方案选择、购买决策、购买后行为，其中购买后行为包括使用习惯、使用体验、满意度、忠诚度等。

大数据时代的营销，要紧跟消费者的脚步，根据用户行为从时间纬度进行分析。比如，商业信息收集阶段，针对不同用户的阶层和习惯，企业可采用不同的营销途径和营销方式，直接有效地接触用户。

第三，用户的购买行为要素。空间维度的数据，即用户购买行为要素，也就是我们经常做的用户分析——6W+1H。

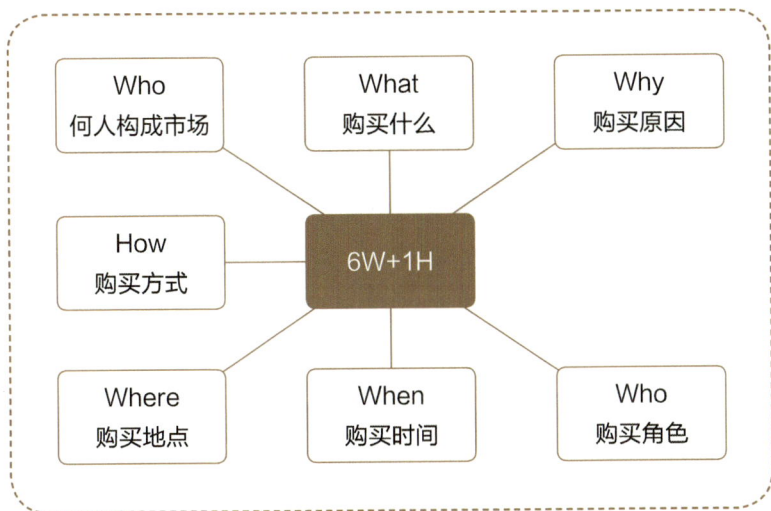

用户购买行为分析

　　企业通过对用户进行大数据分析，将影响用户购买决策的所有行为要素进行汇总和深度分析，得出相对客观的结论。例如，天猫平台的"双十一购物节"的出现，就是大猫平台在深度了解用户的购买行为要素后，推出的营销活动。由此可见，用户的购买行为数据对企业营销的效果，起着至关重要的作用。

大数据营销的新模式：C2B 模式

　　在工业时代，企业的商业模式大都是"闭门造车"，即企业根据市场调研，进行产品制造，再把产品推向市场，等待客户的挑选和购买。而C2B 模式则是先出现消费者需求，企业再进行产品生产，即按需生产。消费者根据自身需求定制产品并设定价格，甚至可以主动参与其中，产品特性无不彰显着消费者的个性化需求。

大数据技术的应用使企业对市场以及消费需求把握得更加精准。**善用搜索、数据以及科学的行为分析模型，分析消费者个性及需求，已经成为企业进行市场营销活动时，必须做到的事情。**

例如，《龙之谷》电影利用以数据为基础的 C2B 模式进行创新，依托盛大公司积累的海量游戏玩家以及玩家在游戏过程中积累的大量数据，分析人们期望的人物造型、性格，定位角色并设置故事情节，然后聘请人们喜欢的演员为电影配音。

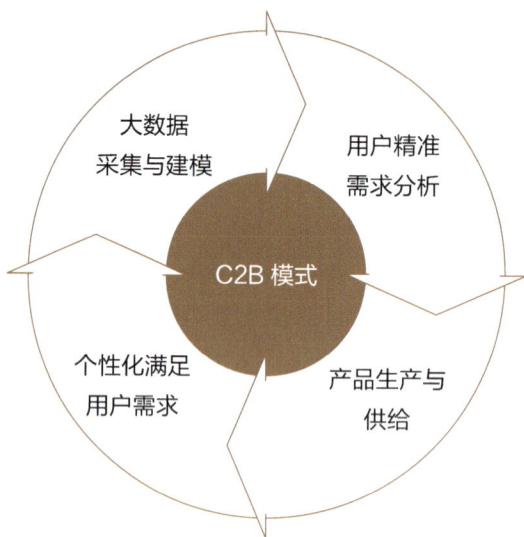

C2B 模式的内涵

同样地，还有美剧《纸牌屋》，出品方网飞公司依托 3000 万个付费用户的 400 万条评论以及 300 万次主题搜索，进行受众洞察、受众定位、受众转化分析，最后确定拍什么、谁来拍、谁来演、怎么播。

就连宝洁公司这样的传统巨头企业，也在利用大数据技术进行C2B 模式的构建。宝洁公司通过调查发现，公司投入了 15 亿美元的研发资金，研制出了 2.7 万项专利，但仅有 10% 用在宝洁产品上。宝洁公司过去的研发是闭门造车，研发成功才去设计、生产产品。实际上，应该先确定消费者的需求再去研发，进而生产产品。后来宝洁公司建立了 C+D 网站，遍布全球的研发人员都可以通过这个网站提供的平台向宝洁公司提交研发建议，并可以在两个月内得到答复。网站上线不久，就收到 3700 多条创新研发建议。此后，虽然宝洁公司的研发投入不断增加，但其投入占销售额的比例却下降到了 2%，创新成功率从 35% 上升到 60%。

2006 年创立的韩都衣舍公司是一家快时尚服饰品牌公司，公司的各项业务均与大数据密切连接，其商业模式为"C2B+供应链管理+大数据"。通过业务的全流程数据化管理，该公司成了一家五星级供应链企业。

结合大数据技术，韩都衣舍公司建立了自己的营销方式。第一，不遗余力地收集用户数据。公司客户端允许用户通过 QQ、微信等进行注册，此举在为用户提供便利的同时，也为企业获得更多的用户个人信息拓展了渠道。第二，多平台产品投放，使数据来源更为丰富，保障了数据的有效性。韩都衣舍公司在天猫、京东、唯品会等大型电子商务平台都进行了产品投放，获取了多个电商平台的销售数据。第三，分析用户关键信息，为产品运营提供指导。韩都衣舍公司通过平台监测用户在产品上的驻留时间、同类产品对比数据、购物车信息、产品评价等数据，并将这些信息与用户个人基本资料进行匹配，实现了对用户的抽样分析、交叉定点分析以及群体分析，进而借此判断旗下不同产品的受欢迎程度，较为精准地掌握消费者可接受的产品价格分布区间。同时，还可对产品的关键属性、流量信息、成交量等重要信息进行建模，分析得出产品价格段分布、功能卖点以及迎合不同消费者需求的差异化卖点，并利用这些信息指导企业产品的生产。

| 数据搜集 | ⇒ | 数据分析 | ⇒ | 数据建模 | ⇒ | 指导生产与营销 |

韩都衣舍的数据应用

通过对消费者需求信息的把握，韩都衣舍公司充分地迎合了消费者个性化需求。

此外，韩都衣舍通过 C2B 模式，成功解决了制造型企业面临的库存难题。通过大数据分析，用售罄率倒逼各链条实现单款服饰的生命周期管理，并通过多款少量的订购方式，在降低渠道压力的同时，带来销售流量的快速增长。

韩都衣舍推出新款式服装之前，通常会在网上进行试销。基于前期的试销数据，公司会对销量较好的产品追加订单，生产部门利用预留的产能，可立即响应追单。

对于后期产品的销售管理，公司也提出了完备的应对策略，主要体现在供应链对于产能的预留管控上。通过前期的试销，小组中的订单管理员将与生产部门进行对接，告知生产需求量，而生产部门已依托数据积累会做好相应的产能预留。运营专员通过对接企划部，收集用户收藏夹和购物车中的产品信息，据此判断用户服装款式的选择偏好，进而组织生产部门进行生产。

从满足用户个性化需求的角度出发，将供应链全流程的数据共享与"买手小组制"相结合，韩都衣舍公司可以高效地响应用户需求，完成成衣制造，并优化用户的购物体验。

未来，企业的一切营销活动都将围绕着数据展开。**大数据平台，将为企业提供整体化的分析、客观化的判断以及精准化的预测。**因此，大数据平台应该集数据整合、数据处理、数据存储、数据分析、可视化、可预测等功能于一体，真正帮助企业挖掘数据背后的业务逻辑，发现数据背后的问题，以便于企业及时调整。

未来，大数据平台将渗透到营销过程的方方面面，成为企业营销活动的核心，为企业的营销方式带来深刻的变革。 在技术不断成熟的未来，数据的无限扩张将不再停留在书面上，这会成为大数据平台不被淘汰的保障。伴随着数据的无限扩张，企业的营销边界也将随之拓宽。只要是数据能够达到的地方，营销都将如影随形。企业利用大数据平台，可以在极短的时间内搜索出需要的营销数据，实现营销信息的精准管理。大数据技术会将人们难以找出规律甚至难以理解的数据，进行可视化分析，让结果一目了然，帮助企业实现对未来发展趋势的精准预测。因此，企业可以有理有据地实施营销活动，在节约成本的同时，提高营销的成功率。

互联网时代的大数据营销，可以被理解为，企业通过由"云、网、端"构成的新基础设施，与传统企业营销系统进行深度结合，从而更好地满足用户的需求。 如今，商品信息规模庞大、种类繁杂，这些信息需要经过技术人员的处理，集中到数据库中。技术人员通过数据挖掘技术，对大量的数据进行挖掘、分析、加工、利用，从而更好地帮助企业从中提炼出有效的信息，进而实现商业模式的创新。

总之，在互联网时代，盲目的大众营销已经逐渐失去了效力，取而代之的，是更为精准的窄众营销。在互联网已经可以为每一位顾客精准画像的时代，若企业还在做大众营销，那么不但是对资金成本和时间成本的极度浪费，而且不会有理想的收益。因此，大数据营销是企业营销的必由之路。

第十章 逆势增长的商业模式之整合战略

当前，企业的创新不再局限于内部，而是着眼于外部。企业在掌握了客户的核心需求之后，将各个环节开放给外部合作伙伴，建立开放的资源平台，进行价值创造。通过不同的整合手段构建生态系统，优化资源配置，进而发展壮大，使企业整体价值实现最大化，或者使整体成本实现最小化。互联网打破了时间和空间的界限，为企业全方位的资源整合提供了更加有利的条件。而那些成功的企业家，大多是规划整合战略的高手。

从资源整合到利益整合、价值整合

中国企业擅长跟风模仿，产品模仿是目前大多数中国企业赖以生存的方式。然而，在当前所处的时代，单纯的产品模仿已经无法保证企业的持续发展，若要解决这个问题，就必须跳出产品层面。**企业获得成功的真正原因并非其产品本身，而是隐藏在产品背后的商业模式。产品的模仿带来的效益是暂时的，但是一套独特的商业模式，却能带领企业走向可持续的快速发展。**

在中国服装行业中，产品模仿是普遍现象。一方面，服装款式设计模仿导致市场上都是款式相同的服装，产品同质化严重，使价格成为竞争关键；另一方面，渠道模仿导致"开分店，开大店，开好店"成为服装行业渠道拓展的主流模式，线下圈地运动开展得如火如荼，使企业开店成本大涨，店铺存活率降低。在这样的市场环境中，单纯的产品模仿已经不可能让企业轻易地获得市场竞争的优势，商业模式的创新成了服装行业的必然选择。

优势：
发展速度快
资金压力小
能够快速打开市场

传统代理模式

劣势：
管理不统一
品牌形象不统一
推广不统一等

传统代理商模式的内涵

　　海澜之家与国内其他男装品牌相比，有着自己独特的商业模式。海澜集团总裁周建平赴日本市场进行考察时，发现了一种品种丰富、价格大众化和支持顾客进行自选购买的品牌专卖模式。于是，海澜之家便将这种模式引入国内，创建了海澜之家男装集成品牌专卖店，由此形成了自有品牌专业零售商经营模式。

　　自有品牌专业零售商经营模式，是一种将商品策划、制造及零售垂直整合的商业模式，不同于国内其他服装品牌公司大多采用的代理制模式。

　　传统代理模式是将渠道拓展责任交由代理商承担，企业只负责商品的供应、宣传及对商家的政策支持，这就容易导致品牌店形象不统一、经营模式不统一、管理方式不统一、推广手段不统一等问题。尽管在短期内企业能占领较大的市场，获得较快的发展速度，但是不能持续经营，难以长久发展。

企业利益　　企业＋渠道商利益

整合思维实现共赢

依靠整合实现合作共赢

海澜之家采用的商业模式则改变了这种状况。发展单店加盟，取代了传统的省级区域代理。同时，采用托管式加盟，而非自主式加盟，加盟商只需投入资金，店铺运营则完全由海澜之家团队负责。此种加盟方式，既能保障加盟者的利益，又能够保证海澜之家实现有效的品牌连锁经营。

海澜之家将日本企业的商业模式与国内服装市场实际情况相结合，创造出托管加盟模式，将代理商整合至企业内部，实现了商业模式的整合创新，从而在竞争激烈的国内男装市场中成功地占据了一席之地。

整合企业价值链，创造全新价值点

只有了解了商业的本质，企业才能够实现战略创新。只有了解了产业价值链，企业才能把握创新的关键要素。这是因为企业未来的竞争不再是企业与企业之间的竞争，而是企业组建的价值链与另外一个企业组建的价值链之间的竞争。

价值链是能够产生价值的各项关键企业活动的有序组合。通过这些关键活动的开展，企业业务才得以有效运营，并不断循环。通过对价值链的分析，企业可以对某个业务领域的关键活动获得清晰的认识，从而抓住其运行本质，为后续的价值整合或商业模式创新做出有效的铺垫。

笔者曾经为一家电力工程公司提供过咨询服务，并帮助这家企业找到了新的价值增长点。该公司所处的行业价值链包含电力投资方、电力工程建设、发电企业、输配电企业等环节，其中该公司所处的环节又包含勘察设计、采购、施工、调试、运行维护等环节。在对价值链进行分析的过程中，要抓住两个关键：第一，要从总体

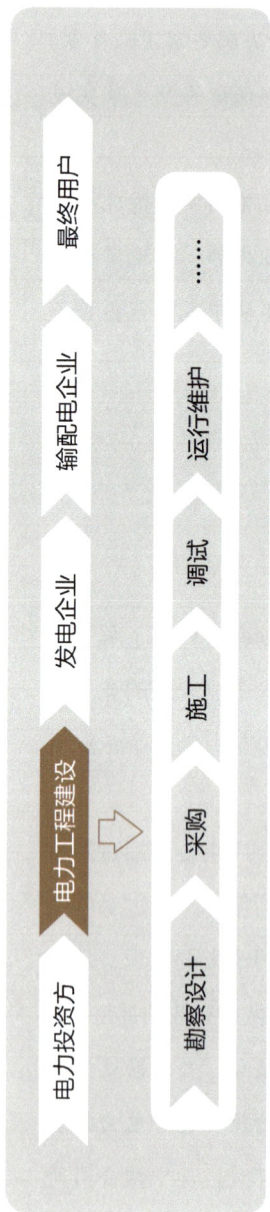

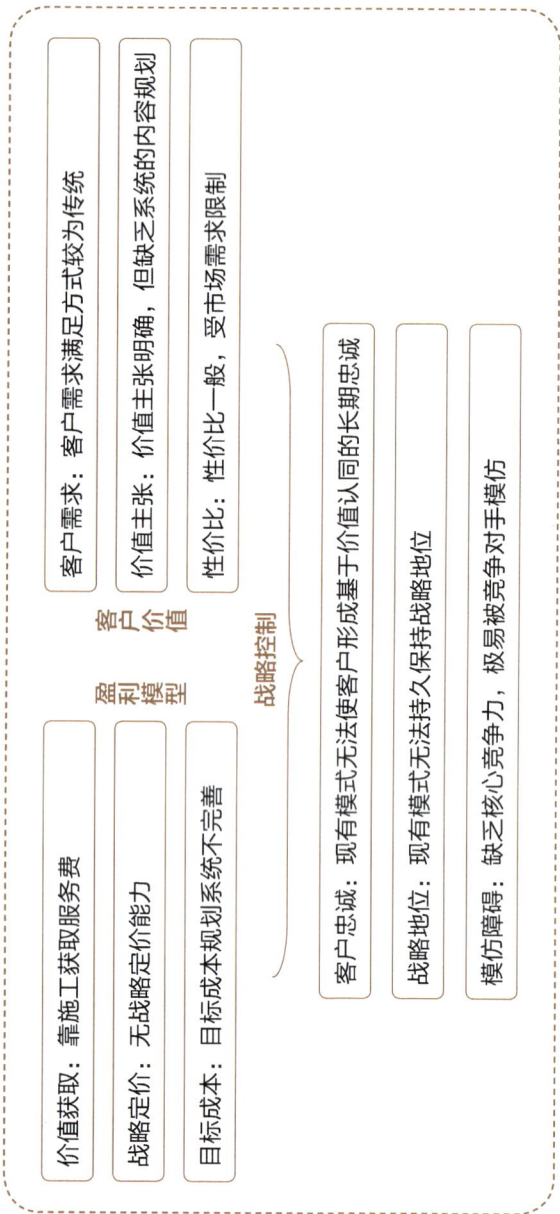

电力工程公司的商业模式诊断

最终用户

输配电企业

发电企业

电力工程建设

电力投资方

运行维护 …… 调试 施工 采购 勘察设计

客户需求：客户需求满足方式较为传统

价值主张：价值主张明确，但缺乏系统的内容规划

性价比：性价比一般，受市场需求限制

客户价值

战略控制

客户忠诚：现有模式无法使客户形成基于价值认同的长期忠诚

战略地位：现有模式无法持久保持战略地位

模仿障碍：缺乏核心竞争力，极易被竞争对手模仿

价值获取：靠施工获取服务费

战略定价：无战略定价能力

目标成本：目标成本规划系统不完善

盈利模型

上了解各环节的运营特征，并对企业各项关键运营环节的运作状况进行分析；第二，要有针对性地对企业的某个运营环节中具体的活动内容进行分析，并与其竞争对手进行对比，找出二者存在的差异及各自的优势与劣势。

通过对这家企业价值链的分析，笔者将这家公司的角色进行了重新定位，将其由原来的施工商转变为行业服务商，再以电力工程产业价值链为导向，整合行业上、下游资源，计划构建平台型运营体系，建立服务创新的工程建设体系。希望通过服务平台构建和价值重塑，解决工程建设痛点，提高施工商的施工反应、协调能力和运营效率，为上游客户提供高性价比的电力工程服务。

以资源共享和协调作业为核心，发展强力的战略联盟，发挥组织内部的服务能力和创新能力，通过平台化服务，提升公司的核心竞争力。通过数据解决施工过程中的安全、运营、管理等难题，建立涵盖工程建设管理全过程的集网络、硬件、软件等于一体的信息化管理系统，让运营的每一个节点都能形成"关键价值点"，从而形成企业内、外部的价值流，提高公司的综合竞争力和服务水平，进而推动电力工程行业的发展。

通过以上的分析，我们可以认识到整合企业价值链的意义。企业可以根据所处的价值链环节，结合自身的特点，设计出适合自己的商业模式，从而整合价值链，实现企业在行业中话语权和地位的提升。

对价值链进行分析与整合的目的是重塑企业商业逻辑，即创新企业商业模式。通过分析企业在价值链上各个环节的具体表现，找出可以改善企业经营业绩的关键价值环节，然后对其进行整合重组，增加企业优势活动，减少劣势活动，同时剔除不必要的价值点，创造全新的价值点，最终以经过整合与优化的价值链与对手形成差异化竞争，并借此获得竞争优势。

产业链整合，协同发展新生态

产业链整合，是当前部分大型企业进行扩张发展的新形态。产业链上、下游资源分散，会使企业无法形成高效的运营体系，造成资源浪费与成本提升等问题。中国有着庞大的实体产业规模，产业链上、下游环节的整合空间很大。因此，**产业链中有所担当的企业需要成为整合的核心，对产业链上、下游进行整合、收购或者兼并，构建高效的运营生态体系，实现整个产业链的协同发展，使产业链整合成为当前产业升级的组成部分。**

随着互联网技术的发展，越来越多的企业开始重视线上交易平台的建立。由线下"产业群"向线上"产业带"的转变，将对原材料采购、生产制造、仓储物流、产品交易、金融服务等领域产生巨大影响，极大地改变传统的产业形式，使产业链结构得到改善和协调，实现更低成本、更高效率、更快速度的运营。

在产业互联网领域，物流、资金流、信息流是开放和透明的，金融机构会把单个企业的不可控风险转变为产业链整体的可控风险，并通过获取各类信息，提供更好的金融服务，赋能于企业，使企业创造出全新的管理与服务模式，打造出价值更高的产业形态。

笔者曾经帮助一家铝材企业通过产业链整合的方式，实现企业价值的提升。铝材行业的产业链条长，影响因素多，上游企业可稳定供应原材料，且掌控话语权。铝加工企业大多采用"铝锭价格＋加工费"的定价模式，市场竞争激烈。下游客户的需求具有多样化、定制化的特点，对加工企业的生产灵活性和库存备货能力要求高，同时，其结算存在账期，使加工企业的资金压力较大。结合行业内的诸多痛点，我们发现铝材行业中采购、加工、仓储、物流、服务等各个环节没有一体化的服务系统，各节点都没有实现各自价值的最大化，整个产业链有待进一步整合。

基于此，我们对这家企业进行了重新定位，将其升级为产业链整合者和服务提供者。同时，将其原有互联网平台升级为交易平台。通过交易平台，企业可以帮助上游企业进行高效分销，帮助下游企业降低采购成本、提高运营效率、减少资金压力。此外，整合金融、仓储、物流等机构，建立规模化、一体化、综合化的平台服务体系，以铝材供应链管理为核心，打通铝材产业价值链，形成业务流、信息流、资金流"三流合一"的产业链服务体系。通过平台模式的升级，我们缩短了铝材交易链条，提高了铝材供应效率，达到了纵向整合产业链的目的，也使得该企业在产业链整合的过程中，大大提升了企业价值。

产业链整合一般分为三种方式：

第一，纵向整合，即将整个产业链的上、下游进行整合。公司实施纵向整合的目的，是控制某种资源，获得稳定渠道。收购上游原料供应商，可以稳定价格、保障供应；收购下游零售企业，可以获取渠道、扩大销售。纵向整合的发起者通常已经在行业内处于领先地位，在整个产业链中地位突出。纵向整合是把不同的资源看作价值链上的不同环节，强调每个企业都要找准自己的位置，进行擅长的工作，并协调各个环节，共同创造价值链的最大价值。企业进行纵向整合时，必须审视自己在产业链中的位置，分析这个位置是否有利于自身发展。如果没有相对优势，企业就应该整合具有相对优势的资源和环节，以正确的整合手段创造更多的价值。

第二，横向整合，即企业在产业链的同一层面上获取、整合经营业务。企业将目光集中于价值链中的某一个环节，探讨利用哪些资源，怎样组合这些资源，才能最有效地构成这一环节，并提高该环节的效用和价值。横向整合资源不仅可以为企业创造更高的收入，还可以帮助企业降低成本。一般情况下，企业可能在某一方面具备核心能力，但是很少有企业在各个方面都具备核心能力。所以，在不同企业或不同业务单元的核心能力的基础上进行整合，就可能为企业提供创造价值或降低成本的机会。

产业链整合的三种模式

第三，平台整合，即将企业自身作为一个平台，在此基础上，整合供应方和需求方的资源，同时增加双方的收益或者降低双方的交易成本，而其自身也因此而获利。比如携程网，整合各类机票、酒店信息资源为顾客服务，并从中获得服务利润。阿里巴巴也扮演着信息平台整合的角色，供应商和需求商可以通过它交换信息，互通有无，达到最佳的交易效果，而阿里巴巴则通过收取服务费而盈利，随着平台影响力的扩大，平台上的供应商和需求商越来越多，他们对交易对象的选择范围会越来越广，双方的交易效益越来越高，而阿里巴巴的收益也会越来越高。

整合的核心，是重新构想创造价值的方式，重新设计实现价值的方式，以及重新提出优化生态系统广度和深度的策略，最终提高公司获取价值的能力。**任何整合战略的最终目标，都应该是创造完整的价值生态系统，而不是简单的资源整合。**

第十一章　逆势增长的商业模式之平台战略

目前，市场中涌现出了许多商业平台，如电商平台、社交平台、服务平台、信息平台、技术平台、金融平台等。当前，新兴互联网创新企业的商业模式大多依托平台战略。互联网技术的快速发展，为平台战略提供了基础构架。在全球市值排名最高的企业中，石油公司、工业公司、零售公司已失去了踪影，取而代之的是平台型互联网公司。我们已经进入了以互联网平台为主的商业时代。

什么是平台战略

平台战略就是一种以价值交换为核心，构建关联两方以上的业务主体的经营模式。在平台上，业务主体会对彼此产生交互需求，且每个业务主体都会通过平台获得自己的价值。平台会让业务主体之间互动产生协同效应，同时产生大量数据。

平台战略是一种基于产能过剩与互联网技术快速发展的时代背景而建立的全新的商业模式，它要求企业以行业视角和开放形态进行市场整合。

在平台战略中，平台业务的参与者越多，平台就越具有价值。例如，使用搜索引擎的人越多，百度平台就越有价值；开网店的人越多，阿里巴巴平台就越有价值；使用微信的人越多，腾讯平台就越有价值。

苹果公司构建了一个围绕顾客移动互联生活方式的平台。首先，推出软、硬件一体化的一系列终端设备，而且各个产品之间具有强烈的互补性，如 iPhone、iPad、智能穿戴、iPod、iMac，再用 iCloud 把这些终端产品全部串联起来，使各终端设备能非常方便地进行信息共享。同时，构建应用软件平台，在云端进行内容整合。

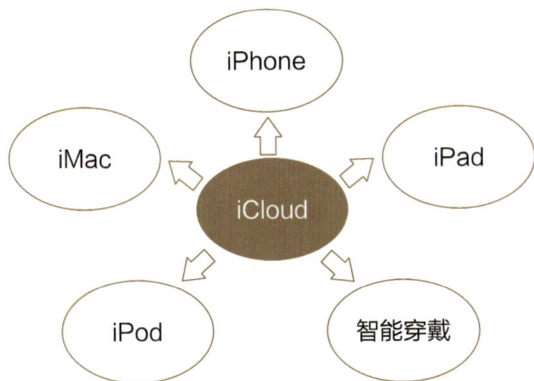

苹果公司的商业生态

企业在互联网平台上容易出现规模、收益递增现象。在全球最大的 100 家公司中，约有 60 家公司的大部分收入得益于平台战略的实行，其中包括苹果、谷歌、微软、亚马逊、脸书、思科、阿里巴巴、腾讯等著名公司。70% 估值在 10 亿美元以上的"独角兽"公司使用的经营模式也是平台模式。

腾讯社交娱乐平台、阿里巴巴新零售平台、滴滴共享汽车平台、找钢网 B2B 交易平台等当前创投行业的"独角兽"和各种资本热捧的宠儿，无一不是"互联网平台"概念型企业！

构建开放的战略体系

过去，企业大多以链条式、管道式的线性结构进行发展，涉及上、下游的各个环节。并且，企业常选择重资产经营模式，任何的产品或服务都需要由经营主体自行研发、生产、交付。而平台战略则会形成一个网络式、点对点的结构，其经营主体是轻资产经营。例如，阿里巴巴平台不曾拥有一件商品，滴滴平台不曾拥有一辆车，今日头条平台没有产生过任何内容。

过去，开酒店需要投资土地并建设酒店，建成之后，还需要组建销售团队吸引消费者入住。而类似于爱彼迎、携程这样的平台，则不需要任何重资产投入，只需要将酒店信息发布到平台上，让顾客通过平台订购满足自己需求的房间，平台本身收取交易的固定佣金即可。美团外卖订餐平台也是如此，美团外卖订餐平台没有对餐饮场所进行重资产投资，而是把各类餐馆能够供给的餐食的信息发布在平台上，再利用平台将信息推送给需要点餐的顾客，顾客可以根据自己的需求搜索心仪的餐食，当订餐制作完成之后，再由平台方安排外卖骑手，将顾客下单的美食送达。微信、58 同城以及做二手产品交易的闲鱼、转转等公司，采用的无一不是平台模式。

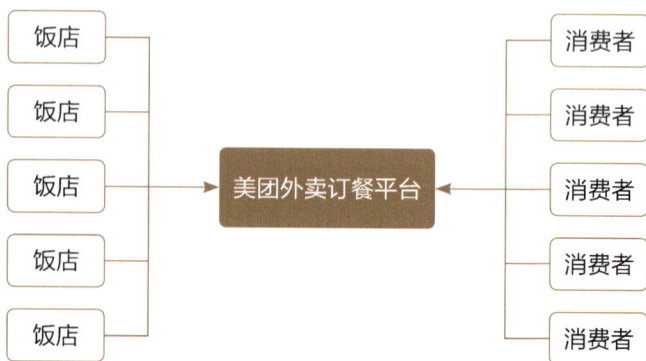

美团外卖订餐平台的商业模式

相信大家对猪八戒网并不陌生，它采用的，也是依靠提供服务而盈利的平台模式。众所周知，请设计公司做一套企业 VI 形象设计的费用少则几万元，多则几十万元，因为一家设计公司的人数是有限的，能够承接的设计业务量自然也是有限的。但是，中国有上千万家中小型企业，特别是近几年，创业者众多，很多企业注册完成后第一时间，就需要设计企业标识或名片，可这些小型企业不可能花费数十万元聘请设计师设计专业的企业 VI 系统。

但是，中国有上千万名设计师以及营销推广的专业人员，这个群体非常庞大，他们其实可以利用自己的业余时间帮助这些小微企业设计标识与营销推广方案。

一方存在需求，另一方可以提供大量相应服务，而二者却没有沟通交流的渠道，这就是这个行业的痛点所在。

来自设计行业之外的《重庆晚报》首席记者朱明跃察觉到了这一商机，迅速颠覆了设计行业。2006 年，他成立了猪八戒网，利用互联网进行服务交易，平台交易品类涵盖了创意设计、网站建设、网络营销、文案策划、生活服务等多种行业。目前，数百万服务商正在猪八戒网出售服务，为企业、公共机构和个人提供定制化的解决方案，将创意、智慧、技能转化为商业价值和社会价值。

猪八戒网上排名前一万位的设计师的月收入都是过万的，甚至有月收入在十万元、百万元以上的。因为这个平台的存在，身处重庆某个农村的设计师，都可以为远在北京中关村的某家创业公司设计形象标识。

猪八戒网最大的价值来自大数据。平台的一端聚集了中国与日俱增的数百万家中小微企业，另一端聚集了上千万个拥有专业技能的人才。随着互联网时代的发展，更多机构纷纷入驻平台。平台将用户交易中产生的原创作品、交易行为、卖家能力等数据沉淀下来，使其成为自身最宝贵的财富。

猪八戒网利用这些数据引入商标注册业务后，立即成为中国最大的商标公司。猪八戒网已为客户提供了名片、包装、宣传册设计平台，接下来将平台业务范围扩大、引入印刷、工业设计、产品设计、模具制造等服务。沿着这样的思路，猪八戒网利用这些交易行为数据、信用数据、能力数据，可以产生更大的价值。2019 年，猪八戒网在全国 20 个城市召开了"取经大会"，邀请了 100 多名国内外专家，在现场为中小微企业提供转型问诊和发展指导等更深层次的价值服务。

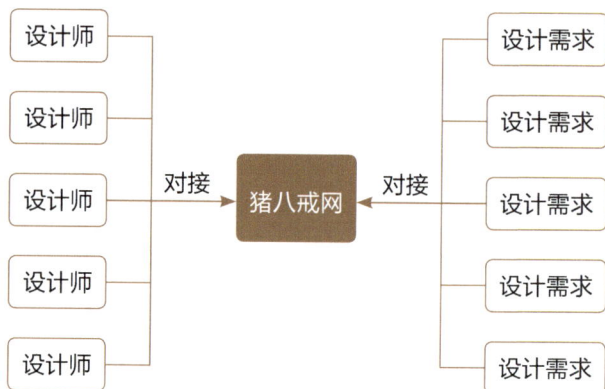

猪八戒网的商业模式

截至目前，猪八戒网帮助上百万家中小微企业设计了品牌标识，目前已成为全国最大的服务类电子商务交易平台。

整合和激活外部资源

传统的企业战略大多以掌控内部资源和能力为主导，而平台战略要求企业以行业视角，从价值链的角度对外部资源进行整合和激活。传统的战略追求的是技术和产品，以及满足消费者需求的方式，而平台战略

追求的，则是服务和效率，以及为客户创造更高价值的方式。

那么，什么样的企业可以采用平台战略？如果企业所在的行业各环节非常分散，企业就适合采用平台战略，反之则不适合采用平台战略。

平台已成为所有资源运营的核心。因此，平台是一个综合性、中介性、服务性的基础设施，能够快速有效地完成资源配置，满足在平台上运行的各方的需求。平台提供了许多不同规格的"接口"，任何外部资源在符合基本规则和准入条件的情况下，都可以自由加入，不需要系统地把控上、下游整体价值链。

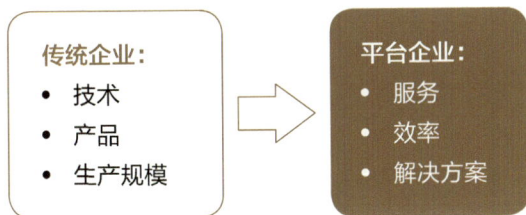

传统企业与平台企业追求的经营要素不同

需要强调的是，构建平台战略需要从客户需求、客户价值的维度，深度思考企业的战略方向、商业模式、运营体系、组织架构、企业文化等问题。平台战略是企业进行价值创造、价值传递与价值实现的新商业逻辑，而不是连接双方"买卖"关系的简单工具。

在开放、共享、共赢的经济发展趋势下，平台战略越来越成为企业发展的核心战略。当然，企业如果不具备构建生态型平台的实力，就要思考怎样利用现有的平台。

互联网时代，一切都是开放的。供给是开放的，需求也是开放的；战略是开放的，平台也是开放的。积极寻找研究合作、技术合伙、战略联盟或者风险投资等合适的商业模式，尽快地把创新思维变为现实产品与利润。

　　传统的内部创新已经无法使企业保持长久的竞争活力，企业在了解客户的核心需求之后，需要将各个环节开放给更多的合作伙伴，**以开放式思维建立开放式的创新平台，才能获得长久的竞争力**。

第十二章

逆势增长的商业模式之供应链
管理与金融

经过了多年的粗放式发展，中国企业间的竞争已经进入了一个新的阶段。越来越多的传统企业面临着上游原材料价格上涨，下游利润空间压缩的局面。同时，企业深陷人工成本、管理成本不断上升的困境，特别是某些生产制造企业，长期存在融资难度大的问题。高效的供应链管理，可以使行业生产和流通结构得到改善，有效地降低企业的运营成本，为企业获得竞争优势提供有力支持。目前，基于供应链的管理优化和金融支持，为众多企业的发展开拓了新的空间。

增长的新空间：高效的供应链管理

全球分工模式与制造模式的变化，导致贯穿整个产品价值链的管理工作变得更加繁杂。在纵向一体化的制造模式下，对整个生产过程的管理，集中于单个企业的管理层。但是，一旦生产环节被分散到多个企业，就需要一个核心企业对整个生产过程进行协调。至此，供应链应运而生。供应链是一个结构化的产业组织模式，包含了所有加盟的节点企业，其供应流程从原材料的供应开始，经过链中不同企业的制造、加工、组装、分销等过程，直达最终用户。**供应链管理，即核心企业通过对"物流""信息流""资金流"的控制，将供应商、制造商、分销商、零售商以及最终用户串联成一个整体协同发展的组织。**

很多人对价值链、供应链以及产业链的概念理解有误，因此常常混淆。

价值链，按照哈佛大学的迈克尔·波特教授的解释，是指企业在设计、生产、销售、发送和辅助其产品的过程中，进行各种活动的集合体。企业的价值创造是通过一系列活动进行的，这些活动可被分为基本活动和辅助活动。基本活动包括内部后勤、生产作业、外部后勤、市场销售、服务等；辅助活动包括采购、技术开发、人力资源管理和企业基础设施建设等。这些互不相同但又相互关联的生产经营活动，构成了一个创造价值的动态过程，形成了价值链。

供应链，是指供应商、制造商、渠道商、零售商等环节构成的体系。

产业链，是指经济布局和组织中，不同地区、不同产业之间或相关联行业之间，构成的具有链条绞合能力的经济组织关系。

供应链管理的兴起，导致传统的企业管理出现了两个重要的变化。第一，资源管理范畴从单一企业的资源，扩展到了企业集群的资源。第二，每个企业都要尽量与存在共同利益的企业形成战略联盟，以满足终端客户具体需要。

供应链管理，就是为了使整个供应链系统成本达到最小，把供应商、制造商、仓库物流方以及渠道方等有效地组织在一起，从而进行产品制造、转运、分销及销售的管理方法，即从源头的供应商到最终客户的物资流、资金流、信息流的集成管理，其目的是达到供应链价值的最大化。供应链管理包括计划、采购、制造、配送、服务等基本内容。

很多企业不具备对供应链进行管理的意识，或者认为企业的上、下游合作伙伴不在本企业的管理范畴之内，于是置之不理，这种观念是错误的。**企业未来竞争的成败在很大程度上取决于企业能否构建出一个高效的供应链体系，高效的供应链管理体系可以提升企业的竞争能力。**杰克·韦尔奇曾说道："如果在供应链运作上不具备竞争优势，就干脆不要竞争。"

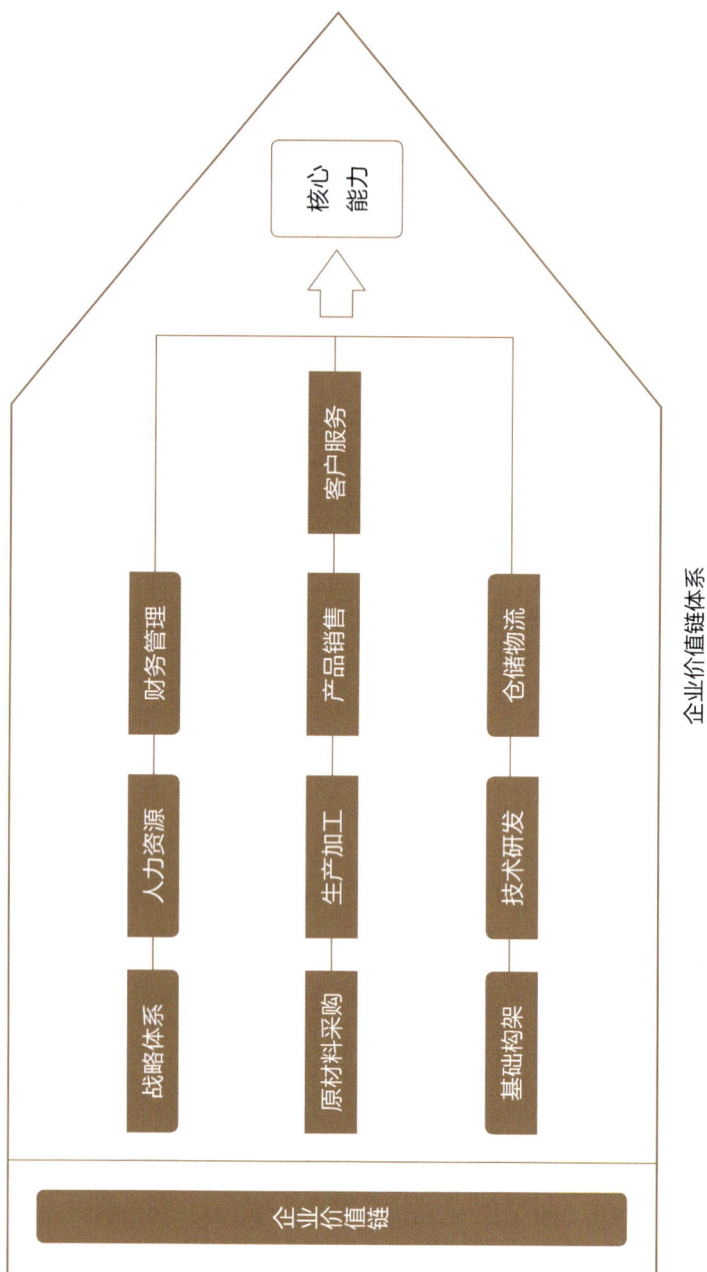

核心能力

企业价值链体系

财务管理 人力资源 战略体系

客户服务 产品销售 生产加工 原材料采购

仓储物流 技术研发 基础构架

企业价值链

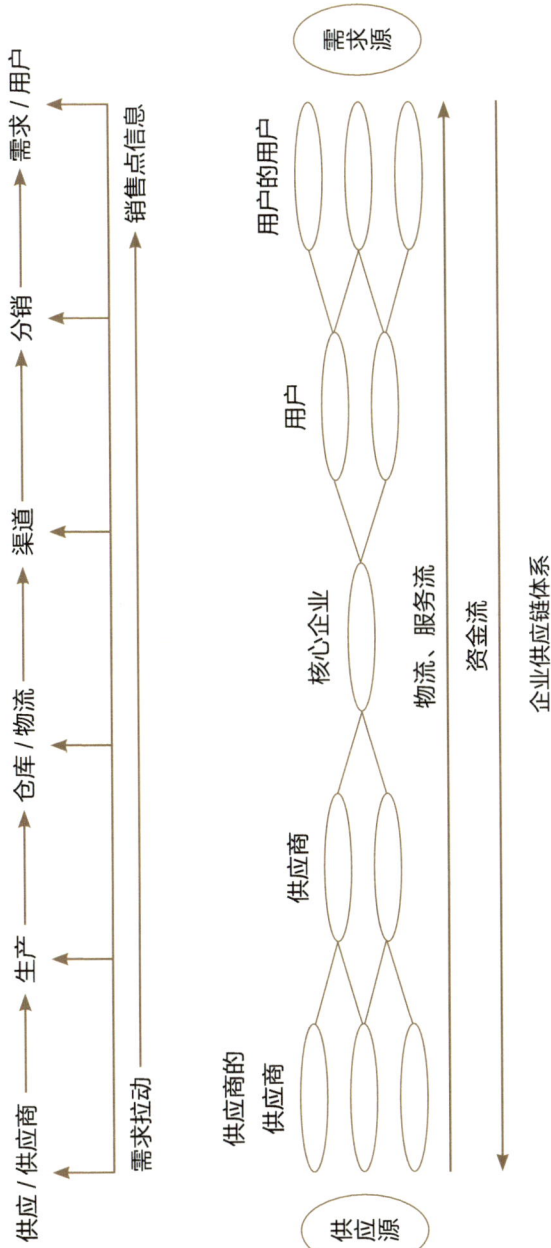

供应／供应商 —→ 生产 —→ 仓库／物流 —→ 渠道 —→ 分销 —→ 需求／用户

需求拉动　　　　　　　　　　　　　　　销售点信息

供应源

供应商的供应商

供应商

核心企业

用户

用户的用户

需求源

物流、服务流

资金流

企业供应链体系

传统观点认为，供应链成员之间存在的是此消彼长的博弈关系，每一方都会想尽办法压低其他各方的收费，以提高自己的经济效益。因此，导致了价格不稳定，信息彼此封闭，设施重复浪费的不良结果。然而，这样其实对双方的共同利益造成了损害。企业不应该把供应链伙伴作为竞争者对待，而应该选择合适的伙伴，建立利益共享的战略联盟，使得交易各方通过协调合作，实现以低成本向消费者提供更高价值服务的目标，同时实现共赢。

供应链使上、下游企业成为利益共同体。供应商与零售商都要优化供应链管理，与相关企业建立广泛的战略联盟，实现共同利益的最大化。在这方面，宝洁公司一直致力于以消费者需求为中心进行决策，与供应链渠道上的企业建立战略性的贸易伙伴关系，并按照零售商的系统将自己的订单系统标准化，是厂商推行供应链管理的典范。

沃尔玛公司被誉为零售业供应链管理的代表，它之所以能够迅速成长，并且成为全球知名公司，是因为沃尔玛公司在成本节省、物流配送系统与供应链管理方面取得了巨大的成就，这也是沃尔玛公司的核心竞争力所在。

乔布斯曾经说过，如果全球的互联网技术企业只剩下三家，那么一定是微软公司、英特尔公司和戴尔公司，如果只剩下两家，那么就只有戴尔公司和沃尔玛公司能够幸存。显然，这只是玩笑话，沃尔玛公司虽是零售业的翘楚，但无论如何还算不上互联网技术企业。不过，沃尔玛公司对信息技术的执着追求却是人们有目共睹的，正是缘于此，沃尔玛公司的低成本战略才能够屡战屡胜。

20世纪70年代，沃尔玛公司开始使用计算机进行企业管理；20世纪80年代初，沃尔玛公司花费了4亿美元购买商业卫星，实现了全球联网；20世纪90年代，沃尔玛公司采用了全球领先的卫星定位系统，控制公司的物流，提高配送效率，以速度和质量赢得了用户的满意度和忠诚度。

　　沃尔玛公司总部的高速计算机可与全世界的沃尔玛超市连接。每一家超市售出的每一件货物，通过商店付款台激光扫描器的识别，都会被自动录入计算机。

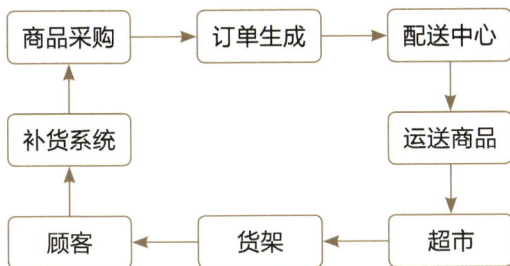

沃尔玛供应链运营体系

　　当某一货品的库存减少到一定数量时，计算机就会发出信号，提醒超市及时向总部要求进货。总部安排货源后，将其送往距离超市最近的发货中心，再由发货中心的计算机安排发货时间和路线。在超市发出订单后的 24 小时内，所需货品就会出现在仓库的货架上。这种高效率的存货管理，使公司能迅速掌握销售情况和市场需求趋势，并及时补充商品库存。同时，减少了存货风险，降低了资金积压的额度，加快了资金运转速度。

　　美国的三大零售企业中，沃尔玛公司的商品物流成本占销售额的比例为 1.3%，凯马特公司为 8.75%，希尔斯公司为 5%。如果将年销售额都按照 250 亿美元计算，沃尔玛公司的物流成本要比凯马特公司少 18.625 亿美元，比希尔斯公司少 9.25 亿美元，其差额大得惊人。

　　亚马逊、阿里巴巴等公司目前都在打造智能供应链体系，旨在使其运营更加高效。中国正从落后的物流运输方式向高速运转的供应链进行跨越式发展，就像它在电子商务和移动支付领域一样，定将从落后者变为全球领先者。

我国供应链管理正处在大发展阶段，具有很大的发展空间。中小企业在激烈的市场竞争中往往势单力薄，因此应重点发展自己的优势业务，并依靠优势与大型企业构建伙伴关系，成为优势供应链中的一员，为企业的持续发展提供稳定的环境。企业在优化供应链时，应注意扩大供应链伙伴的选择范围，与具有独特优势的供应商和客户构建战略伙伴关系，建立供应链优势。

构建供应链金融服务体系，实现金融信贷精细化服务

传统企业的经营方式粗放、经营规模小、风险控制能力和盈利能力不足，导致其财务管理基础比较薄弱，信用程度低，无法达到银行的风险控制标准。因此，众多中小微型企业无法获得高效的金融服务支持，进而导致其经营规模无法放大，企业发展受到严重限制，以此往复，很多中小企业进入了发展的恶性循环。

一些供应链核心企业为了改善自身财务状况，经常采用延长支付账期、增加使用赊销结算等方式。但是，由于这些方式与供应链整体利益的相冲突，上、下游企业的发展会因此受到限制。

很多企业在遇到资金问题的时候，首先想到的是银行贷款。大多数银行实行谨慎原则，制定了相对严格的经营规则，以保证资金的安全性、有效性、流通性。另外，金融机构与中小企业之间存在着信息不对称的问题。因此，造成金融机构的投资活动风险过高，成本过高。银行在中小企业贷款业务中，承担的风险和获得的收益存在失衡现象。因此，中小企业在申请贷款时，将处于不利地位。

供应链金融是基于供应链管理展开的金融活动，实质是沿着供应链

释放核心企业的信用，表现形式是金融机构或供应链核心企业对上、下游中小企业的融资借款，实现的结果是帮助供应链内的成员盘活流动资产。

过去以银行为代表的债券体系，主要要求以固定资产作为担保进行抵押，而供应链金融则是利用企业周转速度和变现能力，以较强的流动资产作为保障，进行金融产品设计。

供应链金融帮助中小企业解决了融资难的问题，帮助金融机构实现了差异化竞争，开拓了中小企业市场，使金融机构可以利用其高附加值服务绑定核心企业或者平台企业，同时也帮助核心企业或者平台型企业提升整个产业链的效率。核心企业或者平台型企业也可作为资方，为供应链成员尤其是中小型企业，提供资金，从而推动整个产业的转型升级。通过金融服务，将核心企业的银行信用和长期积累的行业资源进行变现。

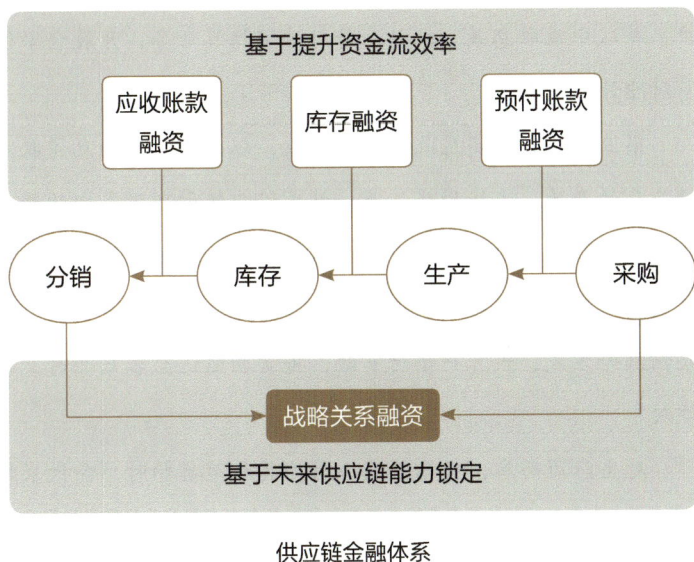

供应链金融体系

怡亚通公司是中国第一家上市的供应链服务企业，它以一站式供应链管理服务为产业基础，开展了存货融资及相关的外汇衍生交易等业务，将物流主业与金融业务有机融合，大大提高了企业的竞争能力与盈利能力。

第一，产业基础——一站式供应链管理服务。怡亚通公司通过整合供应链的各个环节，形成了囊括物流、采购、分销于一体的一站式供应链管理服务，在提供物流配送服务的同时，还提供采购、收款及相关结算服务。与传统的增值经销商和采购商相比，怡亚通公司一般没有大量存货，避免了存货风险，降低了存货成本。另外，传统的增值经销商和采购商只在有限范围内为企业提供结算支持服务，采购商一般也不参与客户的营销支持活动。

第二，产融模式——开展存货融资及外汇衍生交易。怡亚通公司在一站式供应链管理服务的产业基础上，开展金融业务的模式，这是公司的核心价值所在。怡亚通公司的产融运作模式，使其像一家小型银行。它将银行借贷资金通过供应链管理服务方式投放给客户，并从中赚取息差。同时，针对外汇结算业务，开展金融衍生交易对冲外汇风险。

第三，不断提高应收款周转次数，以获取更高的息差收益。金融业务的开展，依托的载体是一站式供应链管理服务中的两项核心业务，即分销和采购。怡亚通公司获得采购商的委托合同后，立即在其客户资源信息系统内选择合适的供应商，并通过电汇、信用证或保函等方式，代客户垫付货款，将货物运送至客户处时，再收取货款。

对生产商而言，当怡亚通公司为其承运货物时，会代采购商预付货款，使得生产商能够及时收回资金，投入下一轮生产。招股书显示，怡亚通公司的代付额度通常占总业务量的20%～30%。而通过代付业务，采购商不仅可以及时有效地获得生产所需要的物资，还避免了预付大量资金的风险。怡亚通公司目前采用的，是以交易额为基准的浮动收费法，即按一定比例的业务量收取服务费。

这一模式使怡亚通公司与采购商、供货商从传统的客户关系发展成利益共同体，促进协同发展。通过整合供应链各环节，提高企业供应链效率和市场竞争力，从而提高企业业务量，最终提高本公司的服务费收入。

基于供应链管理的物流、业务流、信息流、资金流是开放而透明的，金融机构会把单个企业的不可控风险转变为供应链企业整体的可控风险，通过获取各类信息，实现将风险控制到最低的金融服务。

各电商平台的大力发展，以及供应链数据化程度的提升，使供应链金融服务发展迅猛，并且诞生了在线供应链金融等新的金融服务方式。供应链金融发展的线上化趋势，提升了企业资金的使用效率，并打破了传统商业银行主导的供应链金融模式，大大拓宽了传统供应链金融服务的范围。

融资企业在线上供应链金融服务平台可以自助申请贷款，平台系统进行实时审批后，会自动放款。企业的借款、还款行为均在线上完成，手续简便、随借随还，极大地降低了中小企业的融资成本，提高了企业资金周转率。商业银行、核心企业、电商平台等供应链金融参与方，都已在各产业、各领域，布局了供应链金融融资业务，这将有利于企业产生多样化的发展模式和创新的服务类型。

阿里巴巴、京东等互联网企业以及海尔、蒙牛等生产型企业都在布局供应链金融业务，为上、下游企业赋能，实现供应链各环节的协同发展。对企业而言，开展供应链金融业务能直接赚取收益，为企业拓展收入来源，从而提升企业的综合竞争实力；对行业来说，行业领军企业摇身转变成供应链金融服务商，能帮助供应链上、下游中小型企业进行良性运营，从而带动整个行业的持续发展。

数据是实现供应链管理与金融的基础

供应链管理是以生态为基础的新型商业模式，是由多个相关联的企业根据业务需求集合而成的一套完整的开放式体系。体系的每一个环节，都能体现各企业的专业协作精神。通过企业之间的合作，对企业的业务和职能进行有效整合，从而在更好地满足市场需求的前提下，实现运营成本的最小化和价值的最大化，实现物流、业务流、资金流、信息流的统一。核心企业是供应链的构建者、组织者和整合者，是多边群体的连接者，更是生态圈的主导者，必须帮助各个关联业务体系实现价值，而不是独享收益。

正是因为供应链是一个开放的组织体系，信息化便成了实现供应链管理的基础。如果没有信息的共享，供应链管理就无从谈起，基于供应链管理的金融服务支持也不可能实现。只有当供应链上的每一个环节都能在信息畅通、信息共享的同时，有效地完成工作协同，且每个企业内部都能实现各职能部门的协同工作时，才能体现供应链管理的价值。因此，任何一个企业，若想成为供应链上的核心企业或供应链上的一个环节，面临的都不是简单的连接问题，而是企业经营理念、商业模式以及业务流程的改造问题。

数据化是实现供应链管理的基础。因此，有效的供应链管理离不开信息技术的可靠支持。 制造商在生产之前，需要获得足够的市场需求数据，以预测未来市场对商品种类、质量、周期等方面的需求，并规划投在产品研发、生产和销售等方面的资金、人力、物力和时间等。批发商、经销商和零售商在经营商品之前，同样需要取得足够的商品市场数据以及销售终端系统的销售信息，来决定营销产品的种类和数量。数据技术将成为管理过程中的基本支持手段。许多企业在采购、库存、资金管理等方面都越来越多地借助于各类管理软件和电商平台。为企业的交易提供支持的物流公司、金融机构也通过各类电子交易平台提供电子订单、电子发票、网上支付等服务，甚至利用全球卫星定位系统来提高物流或财务管理效率。

与传统金融相比，供应链金融不只注重贷款企业的财务报表等静态数据，还会对企业的动态数据，如销售数据、采购数据、生产数据、物流数据、仓储数据等，进行实时监控，将贷款风险降到最低。

供应链金融参与主体在掌握了大量的动态客户交易数据之后，如果不能够及时、准确地对客户信息进行分类整理并分析，就无法有效地开展供应链金融产品服务。大数据的应用，即大数据平台的建设，是供应链金融在未来"互联网＋"浪潮下的另外一大发展趋势。

提供供应链金融服务的核心企业，通过自建或与大数据机构合作，建立大数据平台，为资金需求企业量身定制全方位、多维度的分析报告。它们可以依托大量的真实交易数据和大数据处理技术，计算出各类数据的标准区间范围，再通过对上、下游企业数据的匹配，对资金使用企业的资信状况进行全面合理的判断。该分析报告最大的亮点，是数据的实时变化与对部分数据的变化预测，它可对业务周期进行全程化、多维度的监控和测评，能够做到及时通知并给出建议，从而将参与主体的放贷风险降到最低。

大数据技术在供应链金融业务领域的应用，可以快速地帮助各参与主体进行大量且非标准化的交易数据的整理和分析，并且可以帮助参与企业节省成本，提高信息利用效率与融资服务的实现概率。

在运营的各个环节进行数据化的建设，为供应链管理与金融业务的运作提供平台支撑，实现交易信息化、信息数据化、数据金融化。

当前，各行各业正在积极推进互联网、云计算、物联网、大数据、人工智能等信息技术与传统产业的深度融合发展。提升供应链运行效率，优化链条内各类资源配置，是传统产业进行互联网化变革的内在驱动力。

此外，随着互联网基础设施的逐步完善，新兴技术快速迭代。技术应用成本逐步降低，大数据分析处理能力大幅度提升，这为传统产业利用上述新技术和新工具，对供应链中的采购、生产、交易、融资、仓储、流通等各个环节进行数字化改造，奠定了基础。

区块链、大数据、物联网等新技术的不断涌现，帮助金融服务供给者突破了在风险控制和服务效率提升方面的瓶颈。信息不对称、虚假交易、信用欺诈等制约供应链金融发展的问题，因新技术工具的应用将逐步得到解决。

利用大数据、区块链等新技术，为供应链金融赋能，使产业链中的业务流、资金流、信息流都可以被更加高效地分析、处理，有力地驱动着风控技术和信用体系的升级，这促使原本风险收益偏低的供应链金融资产的安全性大大提升，也使供应链金融服务变得更加智能。

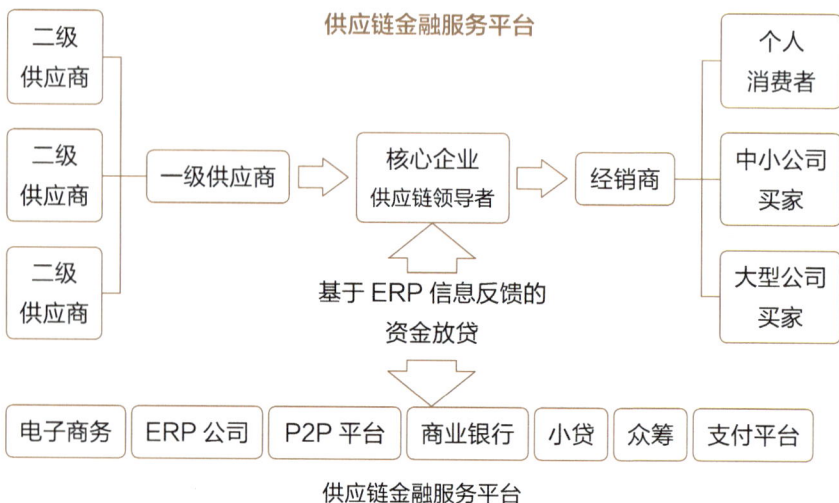

供应链金融服务平台

产业互联网带来的全面数字化，必然要求供应链金融服务与时俱进，走向数字金融服务。数字化的供应链金融服务具备的特征如下：

第一，商业模式趋向平台化。

传统供应链金融以解决融资为目的，是信贷驱动类业务。而数字化的供应链金融，则要求金融服务方必须对商业模式进行升级。他们不再是简单的资金提供者，而是与产业核心企业等共建产业互联网平台的深度参与者。在掌握产业端数据的基础上，传统供应链金融将逐步向以信息服务、资产运营、资产交易、资金撮合为核心的数据驱动的金融服务模式转变，进而实现平台化运作。

第二，核心资产数据化。

传统供应链金融服务大多以具有资金优势的商业银行为核心，由卖方主导市场，使资金量在一定程度上成为产业壁垒。但在互联网时代，数据才是核心资产和核心竞争力。无论是行业龙头企业、B2B交易平台、供应链服务平台还是金融公司、互联网金融巨头，若能凭借自身资源特性和先天优势，在垂直细分领域积累高质量的供应链大数据，就能抢占市场先机，并构建出自己的"护城河"。

第三，服务范围扩大化。

传统供应链金融服务立足于核心企业，依托核心企业的信用，服务于核心企业的上、下游企业。其服务半径短，产业链上的很多中小微企业无法获得供应链金融服务。数字供应链金融服务则可以利用金融科技，通过分析数据价值，还原真实的产业链图谱，对微观个体企业进行精准画像，突破了传统业务的服务边界限制，将金融服务的边界沿产业链向上、下两端无限延伸，让更多的中小微企业享受到优质的供应链金融服务。

第四，金融服务智能化。

传统供应链金融的经典模式即"1+N"供应链金融，其包括两层含义：第一，业务层面，核心企业作为"1"，进行批量营销，开发上、下游"N";第二，金融层面，借助"1"的优质信用来为"N"进行信用升级，从而弥补"N"自身信用的不足。在数字供应链金融时代，基于在产业运营中收集到的大数据，金融机构可以更精准地挖掘客户的需求。在金融审核环节，通过建模自动审核，将以往的被动式授信转变为主动式授信。在贷后管理环节，通过自动化预警，全面提升风险控制的智能化水平。

总之，数字化的供应链金融服务连接了两大生态，即数字化产业生态和数字化金融生态。数字化产业生态是大数据和产业链资产的源头和供给方；数字化金融生态是资金的提供者，或核心企业和上、下游之间数字化的供应链解决方案的提供者。将产业生态与金融生态无缝连接的桥梁，就是数字化供应链金融平台，它是两个生态之间价值的枢纽和交换市场。产业生态和金融生态的大数据在此汇聚、共享和交互，形成产品形态或解决方案。它一方面引导着金融生态的"水"精准灌溉到产业生态中，服务于全链条的实体企业；另一方面也将产业生态中大量的优质供应链资产，导流至金融生态的各联盟合作伙伴，从而共同实现两种生态各自的价值意义。

供应链金融的直接服务对象，是被誉为"中国经济毛细血管"的广大中小微企业，它们数量最多，最具创新活力，在促进经济增长、吸纳就业和推动创新等方面，具有不可替代的作用。在"产融结合"的大背景下，应运而生的数字化供应链金融，将是服务中小微企业与实体经济的最佳途径之一，必将拥有广阔的未来。

供应链管理的业务模式

企业单纯依靠自己的能力降低供应链成本，存在很大的困难。把资源集中在企业的核心能力，与企业外在合作伙伴形成高效的供应链体系，进而获取最大的投资回报，已成为未来企业发展的新趋势。

供应链业务模式可以分为：采购模式、分销模式、零售模式、物流模式和综合模式。

采购模式，又分为采购执行模式、贸易公司模式、虚拟生产模式、实体工厂模式，定位于供应链上游环节，多为供应链中、下游客户提供采购供应服务。该类型企业多与供应链上游的生产制造商与原材料厂商紧密合作，依靠服务费、差价盈利。

分销模式，又分为代理分销模式、综合分销模式、分销执行模式等，定位于供应链中游环节，多为供应链上游客户提供分销服务。该类型企业多与供应链中、下游的分销商、批发商、零售商合作密切，依靠服务费、差价盈利。

零售模式，又分为连锁销售模式、电商模式，定位于供应链下游环节，多为供应链下游终端消费者提供零售服务。该类型企业多与上游厂商和中游批发商、分销商合作紧密，依靠销售利润、生产利润盈利。

物流模式，又分为保税仓储模式、保税物流模式、物流园区模式，定位于供应链物流环节，多为供应链上、中、下游客户提供物流服务，服务范围覆盖供应链上、中、下游各个环节。该类型企业可与上、中、下游各个环节的客户合作，依靠综合性服务费盈利。

综合模式，又分为服务模式、投资模式，定位于整体供应链各个环节，提供整体供应链各个环节的服务。该类型企业可与供应链各个环节的紧密合作，盈利方式多元，如综合性服务费、价差、销售利润、生产利润、股权投资收益等。

富士康公司是一家典型的供应链管理企业。企业生产线的尽头就是驻厂海关，产品从这里走出国门，每天由 2000 多辆货柜车进行运输。富士康公司保证"适品、适时、适质、适量"地把货物交付

表 12-1 供应链业务模式

类型	价值链定位	服务模式	合作网络	盈利模式
采购模式	定位于供应链上游环节	为供应链中、下游客户提供采购供应服务为主	与供应链上游的生产制造商、原材料厂商紧密合作	服务费、差价
分销模式	定位于供应链中游环节	供应链上游客户提供分销服务为主	与中、下游的分销商、批发商、零售商合作密切	服务费、差价
零售模式	定位于供应链下游环节	为供应链下游终端消费者提供零售服务为主	与上游厂商、中游批发商、分销商合作紧密	销售利润、生产利润
物流模式	定位于供应链物流环节	为供应链上、中和下游客户提供物流服务为主，覆盖供应链上、中、下游各个环节	与上、中和下游各个环节的客户合作	综合性服务费
综合模式	定位于整体供应链各个环节	提供整体供应链各个环节的服务	与供应链各个环节紧密合作	综合性服务费、价差、销售利润、生产利润、股权投资收益

至客户指定的地点。为此，配合客户所需，富士康公司进行了全球性物流布局与通路建设，以达成"要货有货，不要货时零库存"的目标。

富士康公司的六大产品策略为"速度、品质、工程服务、弹性、成本、客户附加价值"，这正是基于全面系统的供应链优势确定的。

同样地，ZARA 公司基于供应链高效管理的商业模式创新，强调快速设计、快速生产、快速销售、快速更新，以最快的速度响应市场。ZARA 公司创造的"速度"奇迹令人惊叹，该公司每年推出一万余款新装，始终保持每周更换款式两次，每种款式上架时间不超过三周的运营规律。"速度经营"结果是，过去三年中许多竞争对手财务状况不尽如人意，而 ZARA 公司的销售额和净利润却能以每年 20% 的幅度保持增长。

第十三章

逆势增长的商业模式之产业互联网

　　互联网技术与传统企业的融合，在企业价值链层面上，表现为一个个环节的互联网化。从消费者开始，到广告、零售、分销，再到物流、仓储、生产，一直追溯到上游的原材料和生产装备。从传播层面互联网化、渠道层面互联网化、价值链层面互联网化，再到产业层面的互联网化，企业的互联网化程度将会越来越大。在我国中小企业的日常运营中，互联网使用率还不到 25%，而在美国中小企业的日常运营中，互联网使用率已高达 85%，这说明，我国进行产业互联网化的空间非常巨大。

由"消费互联网"向"产业互联网"转型

　　在过去的二十年中，互联网已经改变了人们的生活方式，而消费互联网的饱和，将倒逼产业互联网的实现。**互联网将在原材料采购、生产制造、仓储物流、产品交易、金融服务等领域，产生巨大影响，极大地改变传统的产业形式，使其实现更高效率、更快速度的发展。**

　　产业互联网实现的是更大范围的融合，形成的是更加开放的平台。美国工业互联网联盟理事长理查德博士指出，"互联网当中不存在单一的胜者，企业应该在开放的平台上进行分享。如果能把数据从供应商那里进行整合，并实现共享，通过制造产品给客户带来价值，将互联性化成现实，从长期角度而言，就会为所有的利益相关方带来巨大的利益"。未来二十年，将是产业互联网的时代，所有的产业都将被互联网化。

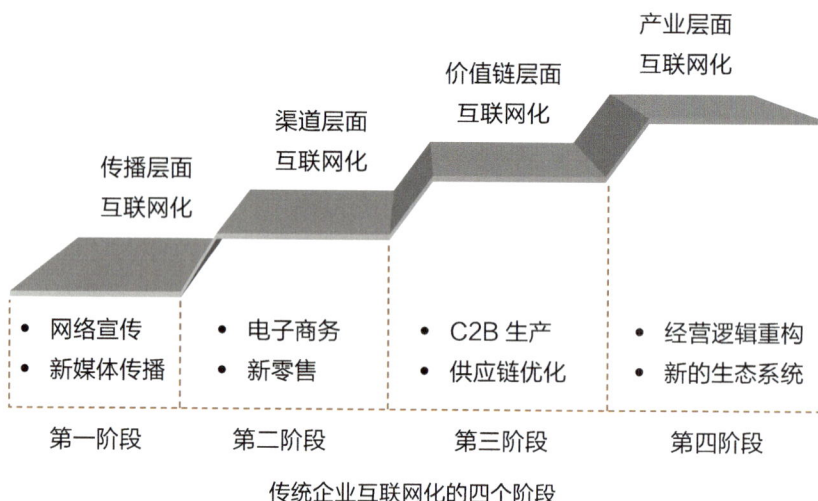

产业层面
互联网化

价值链层面
互联网化

渠道层面
互联网化

传播层面
互联网化

- 网络宣传
- 新媒体传播

- 电子商务
- 新零售

- C2B 生产
- 供应链优化

- 经营逻辑重构
- 新的生态系统

第一阶段　　　　第二阶段　　　　第三阶段　　　　第四阶段

传统企业互联网化的四个阶段

产业互联网时代的生产资料，就是大数据。新的计算技术与应用正在将产业从过去以"流程"为核心转变为以"大数据"为核心。作为最为重要的生产要素，大数据及大数据处理能力，将会成为每个企业、每个行业的"新大脑"。未来，企业经营的各个环节，都离不开大数据及云计算。

产业互联网实现的核心是商业模式创新

产业互联网不是传统业态与互联网技术的叠加，而是一个创造新业态的过程，是技术、模式、规则的多重改变，是商业模式创新、技术实现及规则制定的融合。如果没有创新的商业模式，产业互联网的价值就不会实现。

在产业互联网时代，商业模式创新的关键，是培养独特的价值创造能力，以及整个产业生态系统的构建与合作。

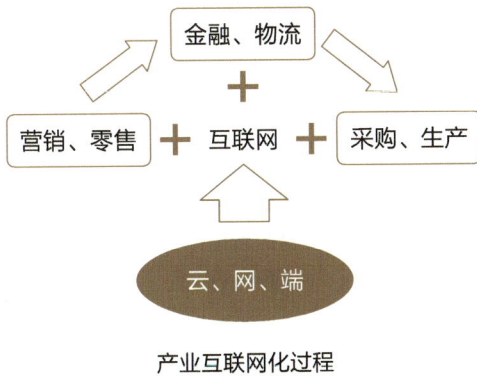

产业互联网化过程

迄今为止，互联网是人们进行信息处理时，成本最低的基础设施。互联网具有天然的全球化、开放化、透明化、平等化的特点，这可以使信息和数据在工业生产时代被压抑的巨大潜力爆发出来，转化成巨大的生产力，成为社会财富增长的新引擎。

因此，企业若要在互联网融合过程中实现价值，就必须创新商业模式、重构经营逻辑及变革管理组织。

产业互联网实现的关键是智慧供应链

据有关部门统计，我国目前 B2B 商业模式的业务容量已达到近 8 万亿元人民币。越来越多的企业开始重视线上交易平台的建立，市场逐渐由线下"产业群"向线上"产业带"发生转变。随着产业互联网的推进，生产、物流、交易、库存、信息、资金等业务流程的管理，将成为产业互联网实现的关键，而这些业务流程管理的核心，便是供应链管理。

加强物流、资金流、信息流的高效流转，使产业互联网主导的供应链能够以更低的成本和库存来生产更高质量的产品。这个集成和统一的过程，便是企业降低成本、创造价值的过程。产业互联网与消费互联网的最大区别在于，产业互联网能够促进企业进行高效地运转，获得全新的经营形态。

互联网从内到外优化着企业经营的整个价值链

高效的供应链管理可以使整个生产和流通结构得到改善和协调，有效地降低企业的运营成本，为企业获得竞争优势提供有力的支持，而实现产业互联网的目的就是如此。

除此之外，在供应链管理基础之上的供应链金融，是实现产业互联网的另一个关键点。由于我国金融行业长期受到体制因素的限制，众多中小微企业无法获得高效的金融服务支持，发展受到了限制。而在物流、资金流、信息流高效运转的产业互联网领域，这一难题将得到根本的解决。在产业互联网领域，物流、资金流、信息流是开放和透明的，金融机构或交易平台将会立体地获取各类信息，将金融服务的风险控制到最低。

产业互联网已成为未来经济发展的新引擎。产业与互联网的有效融合，将驱动传统产业的智能化转型，促使企业不断把技术渗透和扩散到生产、服务的各个环节，进而创造全新的管理与服务模式，打造出更高价值的产业形态，这将推动中国传统产业的转型升级。

产业互联网实践的五种类型

在产业互联网的具体实践中，出现了各类由政府和产业骨干企业打造的产业互联网平台。由于各类互联网平台的资源和优势不同，各平台的发展路径也有所差异。

第一，龙头企业裂变式平台。这类平台往往由行业龙头企业发起构建，其特点是，以企业自身客户、人才、技术等综合优势资源和核心能力为基础，打造互联网服务平台，并向产业链开放，从而实现平台为产业链的服务，赋能于产业链上、下游企业。依靠平台作用，达到大企业带动产业链中小企业共同发展，及产业链整体协同转型升级的目的。同时，龙头企业可在自身传统业务之外，打造出一家基于互联网技术的新模式公司，实现裂变式增长。

第二，服务集群产业的区域特色平台。这类平台往往由地方政府、协会或区域性产业骨干企业多方共同发起打造，旨在带动区域产业的整体转型升级，推进区域经济创新发展。这类产业互联网平台具有较为鲜明的区域产业集群特色，通过区域产业链的连接，可实现各类产业的融合。区域特色产业集群往往具有熟悉产业生态、掌握产业关键资源要素、易获得投资等天然优势，也更容易得到政策倾斜、孵化期资源支持等。若要保证该类平台的健康发展，就必须建立合理的公司市场化运作股权架构和治理体系，同时建立针对核心管理团队的激励机制。

第三，专业商贸市场的数字化平台。专业商贸市场具有天然的平台优势，及丰富的产业资源。通过数字化转型，将线下客户资源优势与线上平台进行融合，可以为产业链上的从业者提供交易、支付、物流、供应链金融等领域的供应链专业服务。通过线上交易数据的累积，为交易双方构建信用保证体系，促进交易双方的强黏性互动，提升复购率和交易效率，大大降低企业交易成本，从而推动整个产业生态的升级。

第四，供应链集成服务平台。在传统产业链中提供贸易、物流等服务的企业，基于品牌影响力、线下资源等优势，正在进一步向产业供应链的集成服务商转型。影响其转型结果的关键因素，是从全产业链的视角，对于产业场景需求和痛点的挖掘能力。

第五，行业资讯平台"软件即服务"解决方案商的产业互联网平台。在早期互联网的发展过程中，曾涌现出一批行业资讯平台，往往名为"××网"，主要为各行业提供行情资讯、价格指数等信息，积累了大量的行业用户信息和流量。由于缺乏服务深度和黏性，这些平台往往难以为继，因此纷纷转型为产业互联网平台，其功能逐步从提供撮合交易服务转变为产业链的集成服务。

总之，企业家必须认识到，产业互联网的时代已经来临。政府转型、产业升级、金融创新，以及科创板的推出、5G新技术的发展，力量正在汇聚,这将直接或间接地推动产业互联网的高速发展。企业也必须认识到，产业互联网的转型升级，不是一蹴而就的，需要企业在传统产业中积极突破创新，需要管理者以"产业家"的格局进行思考和行动，也需要企业团队进行更多的研究借鉴，从而少走弯路、规避风险。

第十四章

逆势增长的商业模式之
投资并购模式

近年来，中国金融体制正在不断改变，来自国外的投资并购活动不断增多，中国正成为全世界的投资热点国家。在这种背景下，中国企业应该抱有一定的紧迫感，并在战略策略上积极应对，主动参与竞争，借助投资并购等手段来加快自身的发展。中国企业需要并购，尤其是以调高企业核心竞争力为目的的战略并购。良好的战略并购举措，能够确保企业资本增值，优化企业内部资产及组织结构，并购必将成为提升企业竞争优势的有效手段。

横向并购——助推企业市场高速扩张

企业市场的发展一般会经历当地市场、区域市场、全国市场以及国际市场几个阶段。这种外延式增长方式，是企业成长的一般路径。虽然路径非常清晰，但是公司在市场拓展过程中依靠一己之力很难走到最后。因此，企业需要借助资本市场的外力，进而满足企业横向并购的需求。

横向并购是企业扩张的传统路径。具体是指，在经营过程中，企业若熟悉所在行业的业务、市场，就比较容易找到标的资源，能够通过并购将对方的客户、资源、渠道收购过来，然后进行内部整合，最终产生"1+1>2"的效果。

蓝色光标公司本质上是一家营销咨询公司，其业务涉及营销、广告等推广服务，业务内容涵盖营销传播，以及基于大数据分析的智慧经营，其服务地域覆盖了全球主要市场。2010 年上市时，其净利润近 6200 万元，而 2013 年时，其净利润已经达到了 4.83 亿元，在这近 5 亿元的盈利中，一半以上的利润来自公司的投资并购。

蓝色光标公司能够长期通过并购模式进行扩张，最终形成利润和市值增长的双驱动良性循环的主要原因如下：

第一，所在行业属性适合企业以投资并购的方式成长。蓝色光标公司所处行业为营销咨询行业，这类行业属于轻资产行业，核心资源是客户。企业进行并购时，主要关注的并购项目为不同行业领域的公司和客户的拓展，以及不同营销产品的整合。蓝色光标公司通过并购，不断扩大客户群体，深入挖掘客户需求，将不同公司、业务及产品嫁接到同一客户，从而扩大公司的收入规模，提升公司的盈利能力。而这样的行业属性，使蓝色光标公司投资并购失败的可能性较小。

第二，中国并购市场和二级市场存在较大的估值差异。蓝色光标公司通过快速扩张并购，让资本市场对其未来业绩成长产生高预期，从而有效地带动公司股价上涨，市值攀升。同时，市值的增长使蓝色光标公司在并购时更具主动权，进而使并购活动与股价上升产生相互驱动的良性循环。

但值得注意的是，横向并购并非永远一帆风顺。如果公司自身的渠道和市场尚未饱和，产能尚未得到完全释放，采用并购举措看似可以消灭竞争对手，但实际上会降低自己的生产和销售效率，使企业固定成本急速上升，利润大幅下滑。

蓝色光标横向并购路径

大数据广告业务	电子商务业务	移动互联网业务	娱乐内容业务	互联网金融
爱点击	碧水源电子商务	有车以后	玩乐云	拉卡拉
晶赞科技	网营科技	建飞科联	大和娱乐	拉卡拉信用
精硕科技		云图微动		
客户群 1	客户群 2	客户群 3	客户群 4	客户群 5

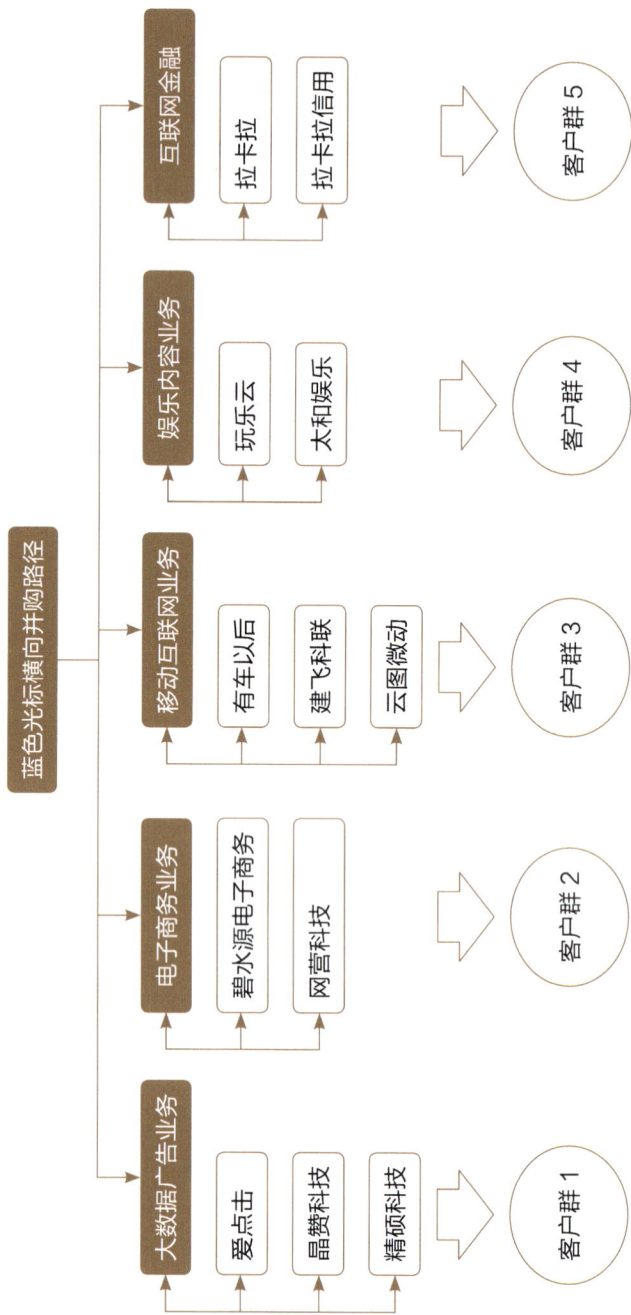

蓝色光标的并购内容

纵向并购——加强企业产业链协同能力

纵向并购是企业产业链延伸的重要手段，通过产业链上、下游的合作，可以有效地增强企业对供应链的控制力。

中粮集团是中国最大的粮油食品企业，是国内食品行业的旗舰企业。目前，集团正在不断完善其产业链。除了传统粮油食品行业，中粮集团还涉足了房地产、奶制品等行业。

中粮集团董事长高宁曾表示，中粮集团之所以选择入股蒙牛公司，是因为他们看重蒙牛公司的生产运营能力以及行业营销经验。中粮集团在农产品加工、食品制造等领域具有丰富的经验，业务遍及世界，而蒙牛公司可借助其优势，提升国内产品销量并向国际市场发展。中粮集团进军乳制品行业，有助于其发挥全产业链优势，获得价值链前移带来的更大成长空间。

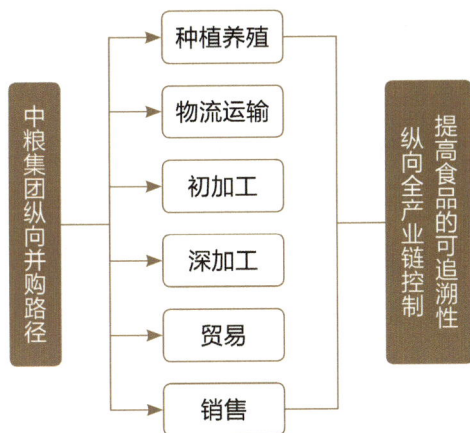

中粮集团的并购内容

纵向并购的优势明显，但公司往往会忽视并购之后随之而来的管理风险。比如，被并购公司所有权易主，有可能导致公司客户流失、利润缩水。此外，某些企业进行纵向并购的目的之一，是抑制竞争对手的发展，但并购完成后，其自身业务或将陷入缩水的窘境。

内涵并购——增强企业发展潜力

企业发展的驱动因素包括政策驱动、技术创新驱动、人力驱动、市场驱动等。技术创新驱动型公司需要不断用新的产品满足市场及客户的需求。企业除了利用内部人才机制进行创新外，还可以通过投资并购外部技术公司的方式，来达到技术升级的目的。由此，引出了公司内涵式并购的需求。

内涵式并购，即为补齐自身技术短板而利用并购重组的方式收购技术公司。这种并购方式的专业度更高，对技术的识别能力更强，但一般规模较小，是企业快速对接人才的手段。

苹果公司就经常使用内涵式并购的方式，将信息科技技术购买并入自己的体系。苹果公司在企业内部制定了一个原则：只做5亿美元以下的并购项目。这个金额对拥有大量资产的苹果公司而言，微不足道。可见，苹果公司在实行内涵式并购时，还制定了严格的规模限制条件。

思科公司是美国硅谷经济中的传奇。过去二十多年间，思科公司在其进入的每个领域都成了行业领导者。如今，我们反观思科公司的发展历程，可以发现它的成长史几乎可以被视为高科技企业的并购发展史。而思科公司的并购发展模式与另一家伟大的公司颇具渊源，这家公司就是著名的红杉资本公司。

思科公司由一对来自斯坦福大学的教师夫妇创立于 1984 年。1986 年，由该公司设计研发的全世界第一台路由器的问世，让不同类型的网络实现了互联，由此，掀起了一场通信革命。经过十三年的发展，思科公司于 1999 年在纳斯达克上市，其市值一度达到 5500 亿美元，超过微软公司雄踞全球第一。

红杉资本公司成立于 1972 年，是全球最大的风险投资公司，曾成功投资了苹果、思科、甲骨文等著名公司。红杉资本公司累计投资了数百家公司，经其投资的公司的总市值超过了纳斯达克总价值的 10%。红杉资本公司于早期就投资了思科公司，是思科公司的大股东。

并购重组是思科公司神话般崛起的基本方式。在 IT 行业，技术创新日新月异，新的团队与公司层出不穷。作为全球领先的网络硬件公司，思科最担心的不是贝尔、华为、中兴等网络公司的正面竞争，而是颠覆性网络技术的出现。一旦颠覆性网络技术出现，思科公司的商业帝国就有可能在一夜之间土崩瓦解。因此，思科公司把地毯式扫描和并购新技术公司，作为企业的竞争战略和成长路径。

然而，新技术可能出现在任何地方。因此，思科公司必须增设"行业雷达"与"风险投资"功能。但在实际操作中，面对大量出现的新技术应用，思科公司作为上市公司，由于决策流程、公司治理、保密性等因素，并不适合扮演风险投资角色。因此，它需要一家风险投资公司与自己配合，共同完成这个任务。

于是，红杉资本公司与思科公司形成了战略联盟。一方面，思科公司凭借自身的技术眼光、产业眼光及全球网络，发现新技术公司，并对项目进行技术上和产业上的判断，再把有前景的项目推荐给红杉资本公司；另一方面，红杉资本公司负责对筛选出的项目进行投资，并联手思科公司对项目进行孵化和培育。若孵化失败，就当作风险。

若孵化成功，就在企业成长到一定阶段时，溢价卖给思科公司，从而实现变现，回收投资。思科公司则将收购的企业并入，转为市场对思科公司的高预期，推动思科公司股票上涨，从而让投资变相上市。

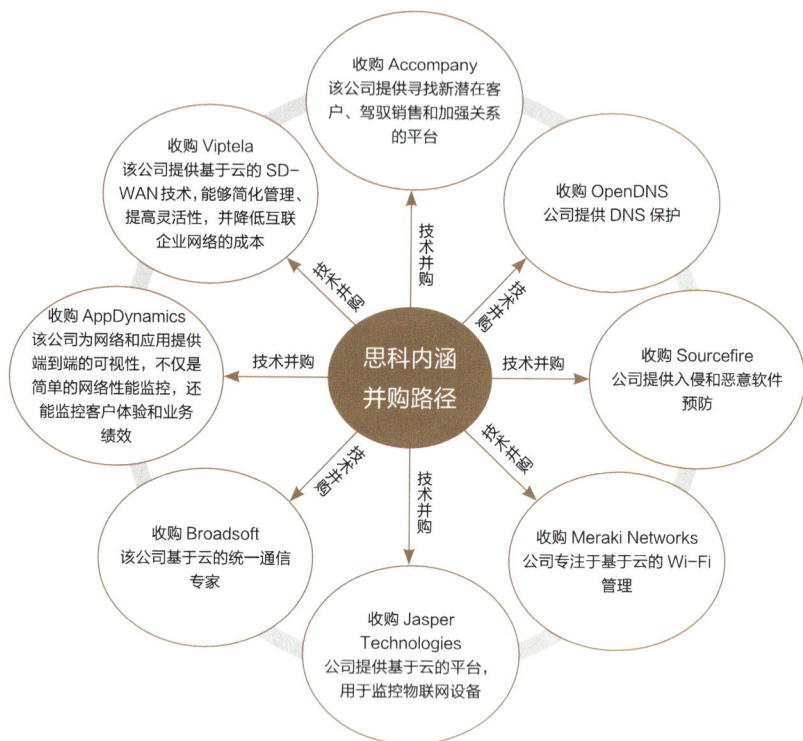

思科的并购内容

在这个模式中，各方各得其利。对新技术公司而言，在获得了风险投资的同时，思科公司提供的大平台更有利于其技术的推广、应用及进一步创新；对红杉资本公司而言，依靠思科公司的技术眼光，发现优秀投资项目，一旦孵化成功，即可获得高额回报，既降低了投资风险，又提高了整体收益；对思科公司而言，充分利用自身上市公司的地位，在全社会搜寻技术和人才，强化了自身技术的优势，造就了产业王者的地位。

混合并购——让企业做大做强

公司通过混合并购的方式，实现企业多业务并举，从而抵抗单一的市场风险，进而推动企业成长，这是企业做大做强的方式之一。在当今瞬息万变的市场中，为确保不被淘汰，企业不得不背负快速实现产业升级的压力。例如，阿里巴巴公司最初只是做电商，但意识到互联网行业发展的方向和趋势后，便通过几年的调整，升级为大数据综合性公司。

2004年，阿里巴巴公司就已经在电商行业发力。许多人认为阿里巴巴公司可以上市了，但马云认为，企业上市的时机还没有到来。他说："对眼下的阿里巴巴而言，做大做强比上市更迫切，与其迫于竞争压力和舆论压力被动上市，不如不上市。"

2005年，阿里巴巴公司收购雅虎中国公司，同时获得了雅虎公司10亿美元的注资。市场认为，马云收购雅虎中国公司，是为上市做准备。然而，马云说："阿里巴巴想要做一个能延续100年的大公司，而如今阿里巴巴才走过6年，还比较年轻，如果贸然上市，可能会因为年轻而付出代价。"

直到2007年，阿里巴巴公司的市场占有率越来越大，信息流、物流、资金流都有了很大发展。为了获得更为长远的发展前景，马云决定上市。

阿里巴巴公司在香港的上市，拉开了它在全球范围扩张的序幕。马云说："上市只是一个加油站，是为了走得更远。阿里巴巴上市的最大意义在于，获得一个持续融资的机会，重建一个与投资人、利益相关者分享回报的利益机制。此次上市不仅为阿里巴巴加满了资本的'油'，而且也为其带来了不少将才，这也有助于阿里巴巴加速国际化进程。"

2009 年，阿里巴巴花费 5.4 亿元收购了中国万网 85% 的股份，此次收购涉及域名、主机服务、网站建设与网络营销等服务。

2010 年，阿里巴巴收购汇通快运 70% 的股份，低调投资物流业。

2012 年，阿里巴巴收购丁丁网。

2013 年 1 月，阿里巴巴收购虾米网。

2013 年 4 月，阿里巴巴收购新浪微博 18% 的股份。

2013 年 6 月，阿里巴巴联合天弘基金推出余额宝。

2013 年 10 月，阿里巴巴收购天弘基金 51% 的股份。

2014 年 1 月，阿里巴巴收购中信 21 世纪有限公司 54.33% 的股份，其中涉及电子监管类信息服务。

2014 年 2 月，阿里巴巴全面收购高德公司。

2014 年 9 月，阿里巴巴在美国纽约证券交易所成功上市。

通过阿里巴巴公司的发展历程，可以看到，阿里巴巴公司对兼并和收购模式的运用可谓淋漓尽致。这条扩张之路，使阿里巴巴公司成为中国名副其实的最大的电商企业。可以预见，阿里巴巴公司将在这条兼并之路上继续前行。

任何企业的资源与管理能力都是有限的，企业必须有所为，有所不为。企业的兼并扩张之路必须是有选择性的，应使其有助于企业核心能力的强化与扩展，或促进协同效应的产生，或促进企业所需战略性资源的获取。**企业投资兼并得到的新产业要与原有主业具有一定的关联度，这样可以提高二者的匹配性，最大限度地利用企业现有资源、技术等。**总而言之，企业在进行投资并购时，应以并购的战略目标为导向，从实际出发，结合企业自身内在的资源状况、产品经营方式、产业位势和行业地位等情况，选择相应的并购战略模式，通过谨慎的操作，使企业在并购后能够真正获得并购带来的利益。

下篇 创新永生

15 营销创新，打通线上、线下

16 新零售模式，唯快不破

17 赋能新动力，驱动大市场

18 B2B 交易模式，重塑传统产业

19 打造新经营体，重构利益关系

20 实施战略升级，重建价值体系

第十五章

营销创新，打通线上、线下

一家鲜花电商如何做到年销售额 2.3 亿元

如今的"80后""90后"与"70后"不同，他们更愿意通过消费来取悦自己。用鲜花装点生活，是如今"80后""90后"的年轻女性常见的一种追求美好生活的方式。这促进了鲜花销量的快速增长，各大资本与团队竞相进驻鲜花市场。

成立于 2015 年的花加鲜花电商平台，正是看中了这一商机。利用微信朋友圈，采用鲜花订阅的销售模式，在短短三年内，该公司销售了 3.6 亿枝鲜花，获得了近 7 亿元的销售佳绩。

花加鲜花电商平台选择在朋友圈、小程序以鲜花订阅模式售卖自己的鲜花，使消费者可以通过微信在花加鲜花电商平台上挑选自己喜爱的鲜花。付费后，鲜花就会被送货上门。整个过程简单便捷，可让消费者轻松购得自己想要的鲜花。与传统的鲜花购买模式相比，这种销售方式，符合现代人消费的特点——简单、便捷、高品、低价，从而极大地提升了消费者的黏性。

爆品策略——超高性价比的诱惑

花加鲜花电商平台早期通过打造爆品——鲜花包月套餐，快速引爆市场。该套餐费用 99 元 / 月，商家每月进行四次鲜花配送，即每周一束花。对很多追求精致生活的女性而言，以低廉的价格得到搭配考究、质量上乘的鲜花，可以极大地打动她们的内心。

此外，花加鲜花电商平台还根据消费者的不同需求，推出了适应不同场合的鲜花产品。目前，花加鲜花电商平台推出的产品系列包含家居适用系列，办公室适用系列等，其价格从 39 元到 1699 元不等，充分考虑到了不同人群、不同场景的消费需求。

打通上、下游——保障产品及时供给

在上游，为了保证鲜花供应与鲜花品质的稳定性，花加鲜花电商平台建立了自己的鲜花供应链体系。通过买断和合作两种方式，与上游花农合作，建立了 8000 亩自营花田，同时精选行业内四千多家优秀的供应商进行合作，共计建立了 5 万多亩花田。此外，花加鲜花电商平台还推出了特殊花卉扶植计划，引进国内外特殊花卉品种并安排花农进行种植。为了满足节日产品、特色产品的需求，花加鲜花电商平台还将采购链延伸到了厄瓜多尔、哥伦比亚、埃塞俄比亚、肯尼亚等国际鲜切花主产区。

在中游，花加鲜花电商平台在北京、上海、深圳等 7 个城市建立了仓储中心以及共计 5 万平方米的现代化鲜花工厂，以保证鲜花的品质和充足的供应量。

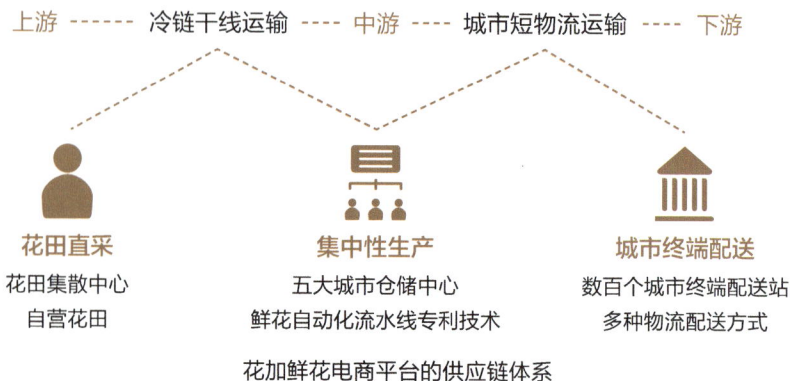

| 上游 ----- 冷链干线运输 ---- 中游 --- 城市短物流运输 ---- 下游 |

花田直采
花田集散中心
自营花田

集中性生产
五大城市仓储中心
鲜花自动化流水线专利技术

城市终端配送
数百个城市终端配送站
多种物流配送方式

花加鲜花电商平台的供应链体系

在下游，花加通过与美团、点我达等配送平台合作，通过冷链配送，将产品送到顾客手中。整个配送过程不会超过 36 个小时，花加鲜花电商平台以最短的时间，让鲜花在最美的时刻出现在顾客面前。

对鲜花而言，花田种植与采后管理，都会极大地影响其品质。为了保证鲜花的品质，花加鲜花电商平台全程采用冷链配送模式。在采摘环节，鲜花从田间采摘后立即被送到产地仓预冷，去除田间热，使鲜花处于休眠状态；在运输环节，花加鲜花电商平台与顺丰公司合作，使用冷藏车将鲜花运输至全国七大鲜花加工基地；在存储环节，将鲜花置于专业养花桶内进行低温存储并给水补养；在加工包装环节，检查鲜花生命力情况，去掉花瓣瑕疵，为客户挑选高品质鲜花；在终端配送环节，通过与点我达、美团等即时物流平台合作，实现冷链配送。

构建分销体系——实现市场快速扩张

首先，建立线上小程序分销矩阵。矩阵化打法是现在最流行的流量运用方式之一。花加鲜花电商平台建立了以城市命名的小程序矩阵，如深圳订花、北京订花、上海订花等，然后链接花加鲜花商城小程序，为主小程序引导流量。

花加鲜花电商平台还根据用户需求场合建立矩阵，如生日鲜花、开业花篮等。用这样的方式，把订花的场景不断细化，从而形成花加鲜花电商平台的小程序矩阵。

其次，构建线上的千人分销体系。花加鲜花电商平台发展了一大批分销商，这些分销商如果觉得花加鲜花电商平台的服务不错，就推荐给身边的好友。而花加鲜花电商平台既获得了口碑，又得到了收益。

花加鲜花电商平台还为很多分销商开通了云店加小店，方便他们进行社交传播。另外，花加鲜花电商平台也会主动发起一些裂变活动并引导分销商参与。这就是"自用省钱，分享赚钱"的社交电商模式。

最后，赋能线下鲜花门店。线下同样是花加鲜花电商平台发力的重点，线下鲜花门店大多拥有自己的流量资源，花加鲜花电商平台会帮助这些门店建立自己的小程序，然后将其与花加鲜花商城主小程序相链接，实现流量共享。

当然，门店的需求不同，小程序的形式也不同。有的门店完全没有线上运营思维，其用户就可以通过他们的小程序直接跳转到"花加鲜花商城"来下单。有的门店希望自主进行线上运营，花加鲜花电商平台就帮助他们开发数据独立且具有下单功能的小程序。

瞄准精准群体——提升平台深度黏性

花加鲜花电商平台利用朋友圈推出的鲜花售卖方式，吸引了大批年轻女性。这些女性消费者在收到花之后，大多还会拍下照片，在朋友圈里晒出美美的花朵。通过消费者的自发传播，花加鲜花电商平台倡导的鲜美生活方式迅速风靡大众朋友圈，成为一种新的时尚。

除了在微信朋友圈的宣传推广，花加鲜花电商平台还借势电视剧《三生三世十里桃花》的火热上演，与优酷平台合作，将北京西单地铁站改造成为现实版的"十里桃林"，让用户亲身体验电视剧里美轮美奂的场景。

此外，花加鲜花电商平台在上海开设了一家解忧花店，旨在用美丽的鲜花为消费者的生活带去积极向上的正能量。为了吸引更多年轻女性的关注，花加鲜花电商平台与热播的青春偶像剧《一千零一夜》进行合作，将平台发展历程中的真实故事在剧中展现，成为故事的原型。除了为电视剧打造出令人惊艳的鲜花场景外，花加鲜花电商平台还为电视剧宣传海报中的每个角色定制了主题花，并且在微信、天猫、京东等购物平台上销售这些主题花。花加鲜花电商平台与电视剧进行了深度融合，不仅使其品牌知名度得到提高，还使鲜花的日常消费模式受到更多人的关注。

总之，从整体市场环境分析，今后会有更多的鲜花电商平台加入该市场，而消费者对鲜花品质的要求也会日益提升。花加鲜花电商平台即将面对的，是日趋白热化与同质化的竞争，以及消费升级带来的挑战。

一款米酒闹"魔都"，细分品类如何成为网红产品

米酒，作为中国传统的酿造型酒类，距今已有 6000 多年的历史，可以说是日本清酒、韩国米酒的"老祖宗"。但是，国内传统米酒的生产都是"作坊式生产"，很难使米酒产品大规模进入市场。因此，多年来，中国酒水市场即使有万亿元级规模，也没出现过一个家喻户晓的米酒品牌。但是就在"魔都"上海，一款名为"米客"的米酒出现在"网红餐厅"里，其销售大为火爆。我们不禁想问，为什么这款名不见经传的米酒会进入"网红餐厅"呢？它怎样赢得了年轻人的偏爱？又是怎样打动了"网红餐厅"的"大咖"？让我们一同抽丝剥茧，揭开这款米酒的神秘面纱。

精准定位目标消费者，细分品类产品创新

中国酒饮市场具有万亿元级规模，除去红、白、黄、啤四大传统品类，其他酒类在市场中的占比约为 10%。因此从规模上看，米酒市场所占的比例并不大。2016 年，国内酒水行业全面复苏，大众消费形成其有力支撑。在市场规模快速增长的同时，酒饮市场的消费格局也在不断更新。对消费群体而言，"80 后""90 后"人群逐渐成为酒类市场的核心消费群

体。新一代消费群体崛起之后，在酒饮产品的口味、健康度，甚至包装颜值方面，都有了不一样的消费诉求。对他们而言，白酒太烈、啤酒胀肚，他们需要集低度、利口、健康、时尚于一体的个性酒类产品。在这一趋势下，虽然国内的酒水市场还是以白酒为主流市场，但是主流之外的细分市场却开始展现无限商机。米酒度数低，口感亲切，而且更加健康，与烈性酒相比，更能迎合新生代人群的口味需求。而且，米酒历史底蕴深厚，有数不清的故事可以讲。米客公司就是抓住了这一机遇，精准定位于年轻白领和新中产阶级，以一款时尚好喝的聚会小酒，打开了目标人群市场。

传统的米酒酿造工艺落后，产品品质不稳定，存在安全隐患，且包装粗陋随意，早就为现代消费者所抛弃。米客公司结合中国传统酿造技艺和日本清酒后道处理技术，对传统中国米酒进行了大胆的工艺革新，开创了全发酵清酿米酒工艺，使其品酒品质远远超越了传统米酒。另外，其产品包装简约而素雅，能为消费者带来清新之感。无论是米酒的口感、色泽还是包装，米客公司都实现了全面的突破。

找准渠道突破口，好的产品需要好的场景体验

酒饮品类的消费依托现饮场景。在现饮场景下，接触和培养目标消费者是产品营销的关键，新品类必须进入主流人群所在的核心渠道。俗语讲"无酒不成席"，中国人习惯在餐桌之上把酒言欢。因此，餐厅成为酒类产品吸引消费者的重要场所。很多酒类产品打开市场的第一步就是进入餐厅，米客公司同样选择以餐饮业作为突破口。米客公司没有选择大众的餐饮场所，而是选择了"80后""90后"人群青睐的新式个性餐厅，俗称"网红餐厅"。"网红餐厅"这类休闲场景下的"轻社交"，包括朋友聚会、同事聚餐、闺密小聚、情侣约会等。因此，很多"网红餐厅"迫切

需要更多更合适的饮品选择。米客米酒契合了消费者的新式需求，在啤酒和饮料之外，又为年轻食客们提供了一个新的选择。同时，米客米酒在门店推广中受到的阻力也很小，因为餐饮商家需要不断推陈出新，而米客米酒恰好为商家补充了一个新的选择。

随着米客米酒进入越来越多的人气餐厅、口碑餐厅，它在上海的年轻消费人群中已经引起了一些反响。很多消费者在用餐后不忘在朋友圈和点评网中去秀一秀这款清新的米酒，网友还将其称为"网红米酒""上海滩最好喝的米酒"。

米客公司把时尚餐饮作为培养消费者的第一入口，让美食结合美酒，给消费者带去了最好的场景体验。这是米客米酒能够在餐饮渠道中打开突破口，获得成功的关键。

米客米酒的营销场景

创新营销模式，打造利益共同体

传统酒水品牌大多采用"移库式"经销模式，渠道核心运作手段就是招商，把自己的产品转移到经销商的仓库，使产品库存层层转移。这种方式过于传统，并不能真正做好市场。米客公司从行业的痛点出发，做出了大胆的改变，不压库，不招纳经销商，而是寻找合作商。合作商没有库存，只是根据米客公司的动销数据进行餐饮终端的货品配送，市场开拓运维以及动销数据都是由米客团队结合餐饮大数据来完成的。在这样的合作条件下，米客公司和合作商之间形成了坚实的战略伙伴关系，各尽所长，实现共赢。

米客公司采用与互联网结合的形式，通过应用程序实现远程管理，在线上实时为餐厅提供服务，对销售人员进行即时激励，打通了品牌方与销售端之间的距离隔阂。产品的动销情况、活动情况、销售问题都可以通过应用程序内的数据分析技术直观便捷地反映出来，销售数据也可以被实时精确地得到。米客公司成为行业内第一个能够实时掌握终端信息的公司。

传统酒水品牌对线下渠道的消费者知之甚少，更不用说和用户进行互动了。在打通品牌与餐饮终端之际，米客公司围绕核心消费者和自身的渠道模式打造 O2O 商业模式，即把线下时尚餐饮门店的消费者与各类多方获益的活动进行绑定，将用户吸引至线上，形成了庞大的米客联盟会员体系。

在线上，米客联盟的会员可接收"魔都"最新的时尚餐饮的资讯，更享受专属的互动餐饮优惠福利。在 O2O 模式中，米客公司通过与餐饮终端的合作，把线下消费者引流到线上，又通过线上互动的形式，联合餐厅推出各种活动，源源不断地把用户引流到各个合作的餐厅，真正做到了"米客—餐厅—消费者—餐厅—米客"这样一个 O2O 模式闭环。

米客公司在完善餐饮渠道的同时，还"玩"起了跨界。与腾讯旗下手游"新剑侠情缘"联名打造的"忘忧酒"，已在京东平台上独家亮相。

开创了米酒类品牌与游戏跨界合作的新玩法，迎合了年轻人的喜好，成为新的低度酒饮爆款，建立了又一个"口味＋颜值＋轻社交"的米酒新文化圈。

作为新生代米酒开创者，米客公司通过"线上＋线下"的全渠道发力，已经进驻至上海近万家餐饮场所及零售网点。米客米酒的销量增长迅速，获得了众多一线网红的青睐和推荐，是名副其实的"网红米酒"。

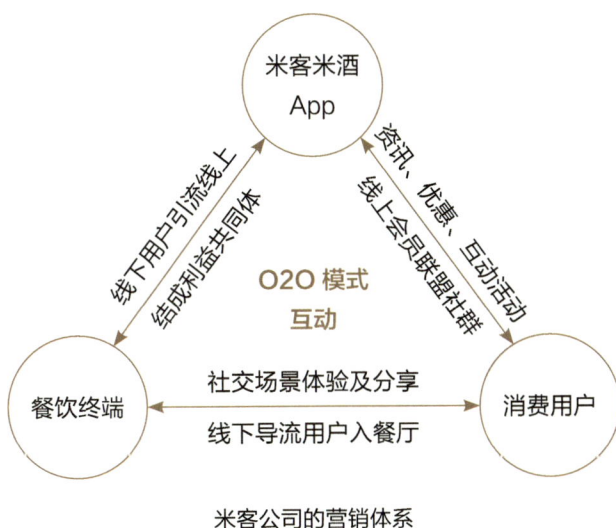

米客公司的营销体系

米客公司的成功，与其说是营销上的成功，倒不如说是商业模式的成功。**米客公司开创了"餐饮渠道＋社群"的新模式，以这种模式与餐饮渠道建立利益联盟，掌控渠道优势，同时通过社群牢牢掌握目标消费者，获得了庞大的消费数据，再利用数据引导生产和消费，推出更加细分的个性化产品，打造出更多的周边产品。**米客公司已经成为业内第一个能够实时掌控终端信息的公司，米客公司的未来定位将不再是单一的米酒生产公司，而是一个大数据应用型公司。

三只松鼠 100 亿元销售额的全渠道营销

三只松鼠品牌自 2012 年创立起，已连续七年位列天猫坚果零食销量排行榜第一，2019 年其销售额超 100 亿元。2019 年 7 月 12 日，三只松鼠股份有限公司正式在深圳证券交易所开盘上市，被媒体誉为"国民零食第一股"。三只松鼠在短短的七年时间内，从一个单纯售卖坚果的品牌，一步步成长为国内零食类的知名巨头品牌。其营销模式不断创新，更是跻身于社会化营销案例库，不管是线上还是线下的营销方式，都被整合为案例被人们广泛学习。为什么三只松鼠能在短短几年的时间取得如此佳绩，其营销秘诀是什么？

精准定位，打造满足消费者生理和情感需求的口碑

三只松鼠率先提出了"森林食品"这一概念，采用松鼠形象结合萌系文化，以动漫形式进行设计，形成了完整的"萌"系品牌形象和故事，使品牌人格化，从而与消费者形成了零距离的良好互动。从线上的店铺、公司官网、微博等平台，到线下的产品内外包装、赠品、宣传单等，不断强化品牌的卡通形象，给消费者带来了难忘的视觉体验。将每只松鼠人格化，设定不同的血型、星座、个性、兴趣爱好等特征，让每个年轻人都能在它们身上找到自己的影子。深入人心的形象设计，打开了品牌的第一道营销之门，形成了品牌生产力。

三只松鼠依托淘宝这个巨大的互联网购物平台，将目标消费者群体定位为"80 后""90 后""00 后"新用户。这类人群个性张扬，有自己的主见和行为准则，追求时尚、享受生活。三只松鼠为了将品牌宣传方

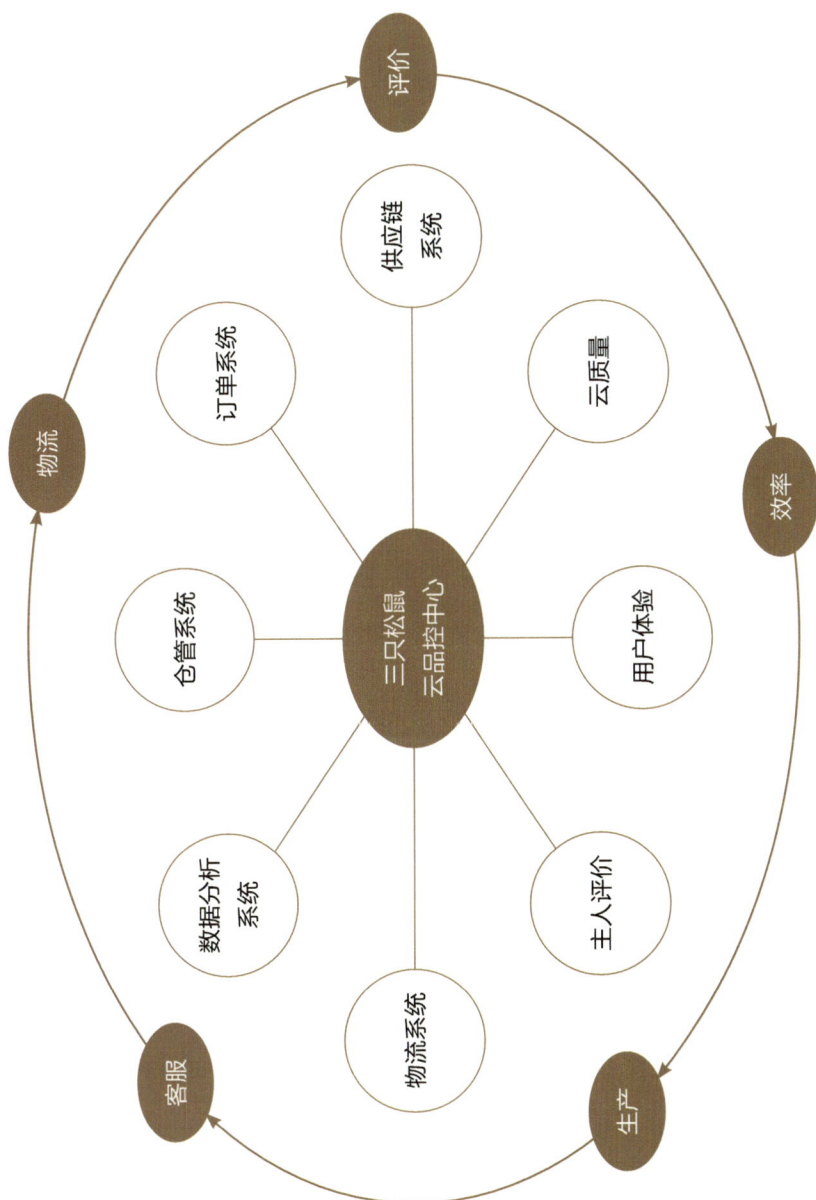

三只松鼠的运营体系

式与目标消费者的特点相契合，给产品外包装贴上了符合目标消费者群体个性的超萌动漫标签和个性文案，如"超级感谢为松鼠星球运送美食的快递哥哥们，你们辛苦了，如果您也想尝尝美食，就快快来松鼠家吧"等萌系话语，既突出了品牌亲和力，又完成了一次品牌宣传。

三只松鼠在每个细节上都要超越用户期望，将消费者的每一个需求点或者尖叫点，串联起来，最终给消费者带来惊喜。其销售客服会以松鼠宠物的口吻与顾客进行交流，让顾客成为主人，客服成为宠物。于是，客服可以"撒娇、卖萌、聊心事"，可以通过独特的语言体系，在顾客脑中形成更加生动的形象。另外，在送至消费者的包裹中，放置一个价值 0.18 元的手提袋，虽然额外地增加了成本，但是消费者会被三只松鼠的细心、体贴和关怀深深感动，享受到极致的消费体验。

三只松鼠产品销量的爆发式增长依靠的是口碑的裂变，通过为消费者带去极致体验而建立口碑，并通过社交化媒体建立网络口碑。其核心思想是推己及人，站在消费者的角度，思考其需求，利用"主人"文化，将产品与消费者之间的弱关系变为强关系。

"造货＋造体验"，持续拓展消费场景

三只松鼠产品的包装"鼠小箱"，是狗粮包装与奶粉包装的结合。以铝质及纸质的印刷材料进行双层包装，采用四面封口可站立的结构，另外，包装袋上松鼠"小贱"酷酷地戴着眼镜的大头形象，简单又不失风趣。同时，随包裹附赠开箱神器"鼠小器"、湿纸巾、密封夹、萌版卡套等实用物品。这些与传统零食品牌完全不同的营销手段，更容易让用户在收货时获得惊喜，从而对三只松鼠品牌产生好感。三只松鼠擅长"诱惑"用户进行主动分享，如在微博上发起"最主人"自拍 PK 话题活动，吸引消费者与产品合照，以赢得免费零食。这样的活动促进了品牌

与客户的互动，增强了客户黏性，放大了消费场景。

三只松鼠成立"松鼠神农堂"，该部门会不定时地把同行业的各类产品提供给受邀用户，组织盲选试吃。通过反馈—改良—再试吃的循环优化过程，使自家产品的评价超过其他品牌。此举让用户拥有了产品改良的决定权，让用户真正成了"松鼠"的主人。让用户主导自己的需求，变用户为产品经理，既创新了营销方式，又升级了消费场景。

三只松鼠不断致力于产品的创新，强化"造货＋造体验"的核心能力，通过"风味""鲜味"和"趣味"构建起独特的"松鼠味"。近年来，三只松鼠在产品研发上持续投入资金，用不断创新的单品和更好的消费体验，重新定义新零食，让消费者吃得更安全、更健康、更开心。

全渠道营销布局，线上、线下融合打造消费闭环

三只松鼠抓住互联网发展带来的机遇，采用直接、粗暴、低价的方式，积攒人气，赢得口碑，使消费者很容易接触并接受这个品牌。后期，再根据品牌效应利用情感营销慢慢回本。

三只松鼠的线下门店被定义为"投食店"，强调其并非单纯的实体零售店，而是体验、互动、服务场所，目的是增强品牌与客户的黏性关系。"投食店"被定义为"一个城市的歇脚地"，那里实际上是一个"二点五次元"的空间，是线上二次元空间和线下三次元空间的纽带。

三只松鼠还在芜湖构建了以"电商＋投食店＋松鼠小镇"为主线的松鼠小镇，结合松鼠形象和森林元素，在建筑中充分融入了动漫形象，从内容到产业均围绕品牌经营，让人们在现实世界亲身体验到"二次元"的形象。三只松鼠成功构建了由浅入深的多元化体验场景，由此形成了吃、喝、玩、乐、买、住的消费闭环。

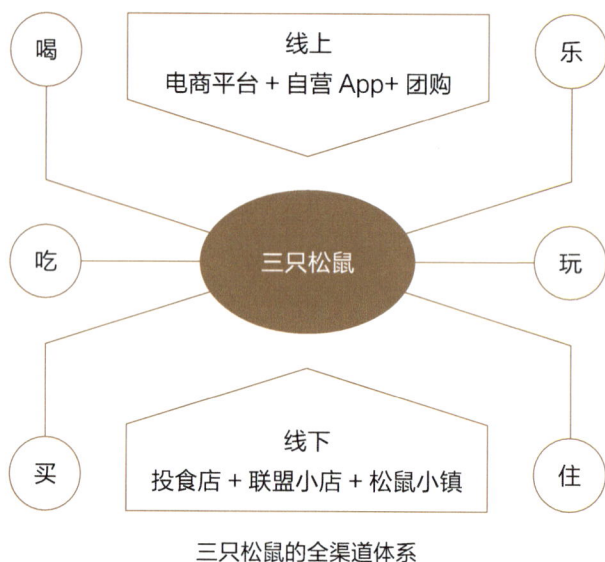

三只松鼠的全渠道体系

三只松鼠坚持线上、线下融合发展，建立了线上、线下联动的立体销售网络，形成了"一主、两翼、三侧"的立体全渠道覆盖格局。以电商平台、投食店、松鼠联盟小店为渠道格局，与阿里零售通平台、自营客户端、团购平台等，共同构建了全渠道营销模式，实现了对消费者群体的深度覆盖。

品牌娱乐化，"文娱衍生品"跨界营销

每逢节日做营销，是品牌方的惯有方法，三只松鼠也不例外。从春节、中秋节等我国传统节日，到情人节、万圣节、圣诞节等西方节日，再到"双十一""6·18"等电商购物节，三只松鼠从不缺席。此外，三只松鼠还善于利用热点进行借势营销，植入大量影视剧。三只松鼠品牌先后在《欢乐颂》《小丈夫》《柠檬初上》《好先生》等热门的电视剧中，投放了植入性广告。

三只松鼠基于电商娱乐化的发展方向，在品牌形象受到广泛追捧后，便顺势将其打造成 IP，推出各种周边，即公仔、口罩、抱枕等各种带有三只松鼠品牌形象的产品。同时，成立独立动漫公司运营品牌形象，投资制作品牌同名 3D 动漫《三只松鼠》，该动漫于首播当日就取得了收视率第一的优异成绩。三只松鼠携手动漫作品，是市场年轻化趋势下增强消费者共鸣的有效途径。企业进一步将品牌形象授权，制作游戏、建造线下门店甚至乐园，不断增强消费者黏性，拓宽消费群体。在"娱乐至死"的年代，三只松鼠让其品牌娱乐化，让品牌给消费者带去更多的欢声笑语，让消费者在不知不觉中形成品牌印记，这对于品牌营销起到了事半功倍的效果。

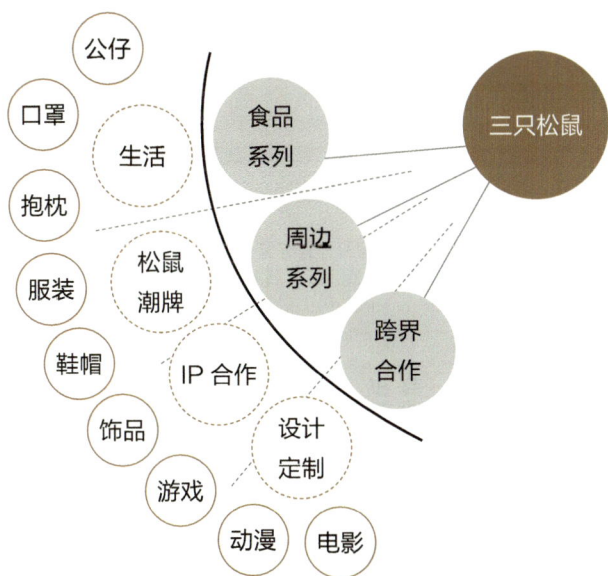

三只松鼠 IP 衍生

为什么三只松鼠要花大量时间、金钱来打造 IP 形象？这是因为用户除了在乎产品本身的品质外，更在乎情感上的体验。而形象 IP 化恰好弥补了这一缺口，使顾客在情感上也得到了满足。另外，形象 IP 化本身就

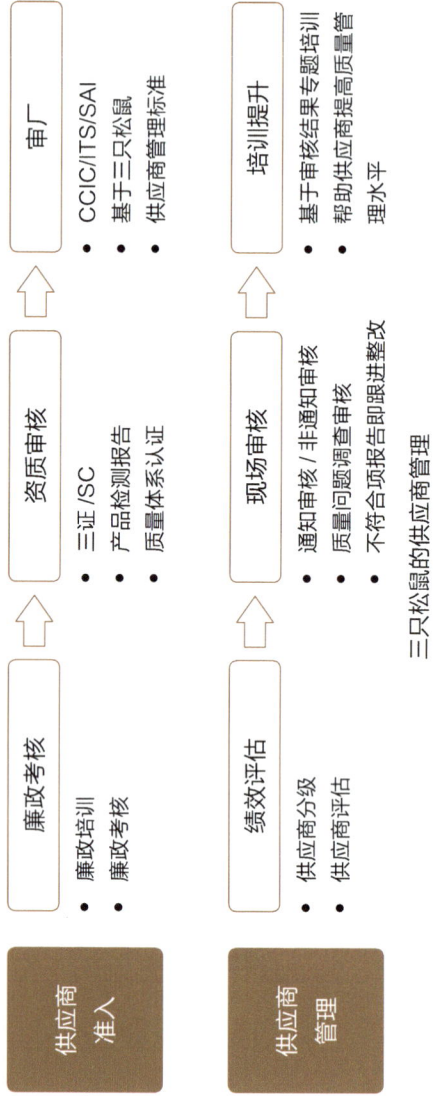

供应商准入

廉政考核
- 廉政培训
- 廉政考核

资质审核
- 三证 /SC
- 产品检测报告
- 质量体系认证

审厂
- CCIC/ITS/SAI
- 基于三只松鼠
- 供应商管理标准

供应商管理

绩效评估
- 供应商分级
- 供应商评估

现场审核
- 通知审核 / 非通知审核
- 质量问题调查审核
- 不符合项报告即跟进整改

培训提升
- 基于审核结果专题培训
- 帮助供应商提高质量管理水平

三只松鼠的供应商管理

十分具有传播价值，能使产品得到更广泛的传播，让人们都能在各处见到三只松鼠的影子。根据多看效应，当人们经常看到某样东西时，便会对这样东西印象深刻，并逐渐产生好感，因此复购的概率也就更大。

供应商管理规范化，打造数字化供应链

三只松鼠通过云平台将现有的 600 多个库存保有单位以及 500 多家供应商连接起来，并通过一整套科学化的供应商管理体系，共同建立起不断丰富的产品线。通过发布公平交易承诺函、关联交易限制令、合作伙伴廉洁处罚细则等，支撑底层管理系统。另外，三只松鼠还推出了具有自身特色的食品安全管理标准，对供应商实行分级管理，推行高风险淘汰机制。并为分散在全国各地的供应商伙伴，建立驻厂品控管理制度，实时监督供应商的生产流程，使准入的产品能够符合标准要求。

与大多数传统企业不同的是，三只松鼠没有建设一大批自己的工厂，而是通过打造数字化供应链，提升效率，降低成本，把质量做到更好。鉴于此，三只松鼠提出了全新的产品定位——"松鼠味"，即风味、鲜味和趣味。风味，即好吃，坚持中国民众独特的口味和习惯，在口感上满足消费者；鲜味，即让零食更新鲜、更健康；趣味，即让零食在满足胃的同时，变成情绪的表达载体，变成一种体验和生活方式。

三只松鼠投入数千万元打造松鼠云造系统，以此缩短工厂到消费者的距离，让消费者能够买到 20 天内生产的产品，以确保产品更加新鲜。同时，**松鼠云造系统可以打通各个部门和供应商之间的业务数据，通过大数据技术对原材料、生产、包装、仓储、物流、销售等供应链环节进行统筹和监督，通过高效的资源配置，实现柔性供应链的建设，从而更好地满足消费者的个性化需求。**

三只松鼠从创立到今天，其一系列营销和管理方式都卓有成效。随

着时代发展，用户消费习惯不断地发生改变，**三只松鼠通过与用户建立联系，以最佳的形式传达品牌态度，制造了与用户之间的连接点**。一系列看似简单的操作，却实实在在达到了品牌发展的预期目标。在这一过程中，创新的营销思路发挥着极为重要的效能，同时也为其他企业提供了借鉴的思路。

第十六章　新零售模式，唯快不破

Costco 究竟为什么这么火

美国最大的连锁会员超市 Costco 已经正式登陆中国市场，首家门店选择开设在上海。开业当天，巨大的客流量导致周围出现了交通拥堵，而该超市开业仅 5 个小时就被迫停业，这让 Costco 超市创造了"上午刚开业，下午就停业"的世界历史纪录。受此消息提振，当天 Costco 市值暴涨 560 亿元。那么，Costco 到底是一家什么样的超市，它究竟为什么这么火？

20 世纪 80 年代，美国经济正处于严重的停滞阶段，高失业率和通货膨胀现象并存。在此背景下，低价优质的商品成了美国消费者的主要购物需求。

在此经济背景下，吉姆·辛内加尔和杰弗里·布罗特曼于 1983 年在美国西雅图创立了 Costco 仓储会员店。1993 年，与老牌仓储超市价格俱乐部合并，但合并后的 Costco 的营业收入仅为美国本土老牌超市巨头沃尔玛公司的三分之一。规模上的差距，使 Costco 在一开始就不具备和沃尔玛公司等巨头正面竞争的能力。然而，Costco 却能在夹缝中求生存，且最终实现逆势反超，于 2015 年超过沃尔玛旗下的山姆会员店成为美国最大的连锁会员制仓储量贩零售商，及全球第八大零售商。这是因为，Costco 选择了不同于沃尔玛的经营路线，并成功打造了自身的核心竞争力。

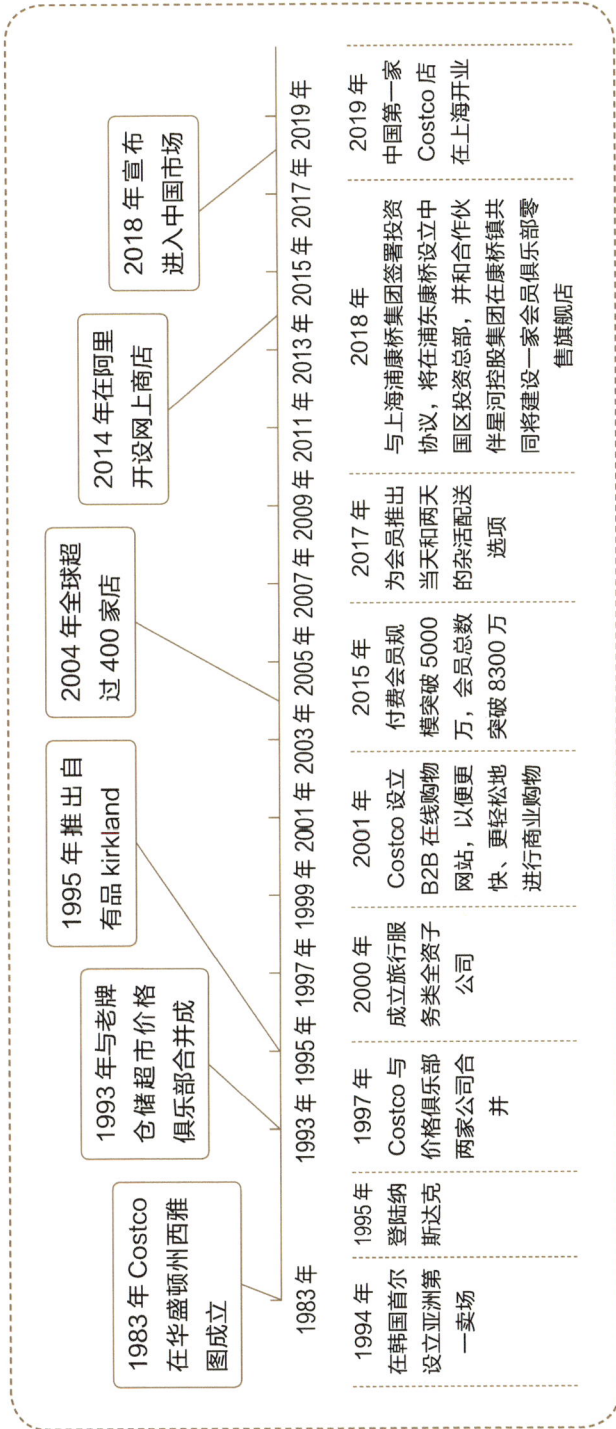

Costco 的发展历程

1983 年	1993 年	1995 年	2004 年	2014 年	2018 年
1983 年 Costco 在华盛顿州西雅图成立	1993 年与老牌仓储超市价格俱乐部合并成立	1995 年推出自有品 kirkland	2004 年全球超过 400 家店	2014 年在阿里开设网上商店	2018 年宣布进入中国市场

1994 年	1995 年	1997 年	2000 年	2001 年	2015 年	2017 年	2018 年	2019 年
1994 年在韩国首尔设立亚洲第一卖场	1995 年登陆纳斯达克	1997 年 Costco 与价格俱乐部两家公司合并	2000 年成立旅行服务类全资子公司	2001 年 Costco 设立 B2B 在线购物网站，以便更快、更轻松地进行商业购物	2015 年付费会员规模突破 5000 万，会员总数突破 8300 万	2017 年为会员推出当天和两天的生活配送选项	2018 年与上海浦东康桥集团签署投资协议，将在浦东康桥设立中国区投资总部，并和合作伙伴星河控股集团在康桥镇共同将建设一家会员俱乐部零售旗舰店	2019 年中国第一家 Costco 店在上海开业

极致性价比，确保满足消费者需求

对于零售行业而言，价格一直都是企业经营的核心竞争力。奉行"天天低价"的沃尔玛公司，长期将平均毛利率控制在 25% 左右。而 Costco 奉行的策略为"永恒的便宜"，企业将店内所售商品的毛利率长期严格控制在 14% 以下，如果某商品的毛利率高于 14%，工作人员就需要向公司 CEO 提出申请，经董事会批准方可采购、出售。一旦发现与其合作的供应商的产品在其他超市的价格比 Costco 还低，那么该供应商的商品将永远不能再出现在 Costco 的货架上。

价格低廉是吸引消费者的主要原因，但是低价并不意味着质量差。相反，Costco 对产品的质量要求极高。他们有一套严格的质量保障体系，且拥有自己的独立实验室，配有专业人员进行抽样检查，以确保上架商品的质量。

Costco 上海店开业时，不少消费者将 Costco 的许多商品与国内各大平台上的商品进行了比较。结果显示，其所售产品的质量和价格对各大平台均构成了一定的威胁。例如，飞天茅台在 Costco 的售价为 1498 元 / 瓶，而当时飞天茅台的各地批发价已经达到了 2400 ~ 2600 元 / 瓶。没有对比就没有"伤害"，在性价比这一方面，消费者可以形成强烈的感知。这样的对比，也说明了即使面对世界上最大的电商企业亚马逊，Costco 也可以从容生存且生意火爆的原因。

Costco 能够在长期的经营过程中为消费者提供高品质、低价格的商品，并获得较大的销售规模的重要因素包括以下几点：

第一，专业全球买手团队，精选上架商品。Costco 在全球拥有庞大的采购团队，他们都极具采购经验，对商品采购有深刻的见解。为了培养专业买手，公司规定买手必须从公司底层做起，通过不断地提升或转岗，逐渐熟悉商品采购和流通的细节，不断积累经验，从而为消费者选出好的商品。

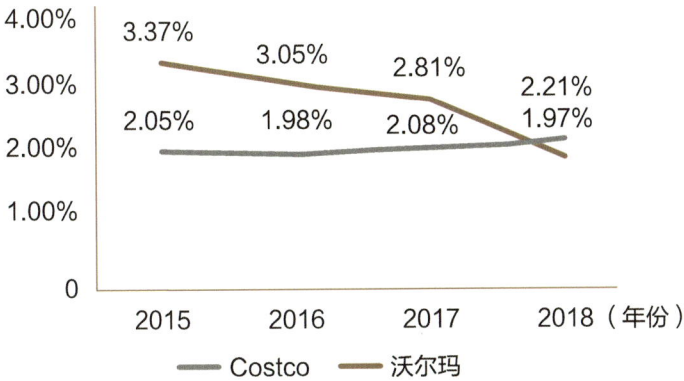

数据来源：公司公告、公开资料。

Costco 与沃尔玛净利润比较

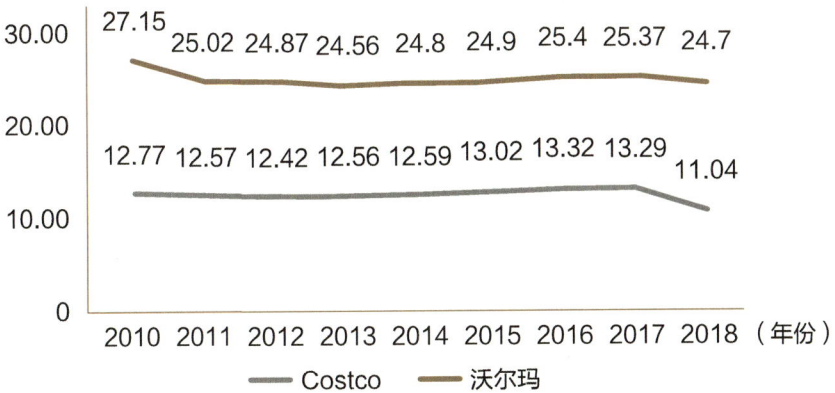

数据来源：公司公告、公开资料。

Costco 与沃尔玛毛利率比较

　　为了确保上架产品符合消费者的需求，公司还安排员工或会员进行商品测试，通过测试的商品还必须通过管理层的挑选和试用，才能最终决定能否上架。此外，买手团队还需要结合测评数据，对新商品采购数量、利润水平以及可能给公司带来的预期业绩进行测算。

Costco 的采购体系

第二，精选畅销库存保有单位，降低客户的选择成本，形成规模优势。 作为一家大卖场，Costco 店均面积约 1.5 万平方米，但是上架的商品种类却少得惊人。与美国零售卖场平均 1.4 万个库存保有单位相比，沃尔玛平均具有 10 万个库存保有单位，而 Costco 的库存保有单位长期保持在 3700 ～ 4000 个。Costco 上海店总面积约 2 万平方米，上架的库存保有单位仅有 4000 个。极少的库存保有单位使 Costco 买手可以对商品进行精挑细选，只在每类畅销产品中选 2 ～ 3 个畅销爆款，从而帮助消费者进行决策，降低消费者的选择成本。而且这种"精选畅销"的选品策略，可以保证每一个库存保有单位的更大规模的进货和更快速的销售。这样一来，企业可以通过规模效应，在面对上游供应商时拥有更大的议价能力，为消费者赢得更低的商品价格。

第三，全品类覆盖，让消费者轻松买到生活所需的绝大多数产品。尽管 Costco 奉行"精选畅销"的选品策略，库存保有单位极少，但是 Costco 商品却能覆盖消费者日常生活的大多数商品，涉及食品、饮料、日化、服装、家纺、办公等。如 Costco 上海店的上架商品，包含了 27 个大品类，让消费者可以在其中轻松、便捷地购买到生活所需要的绝大多数商品。

（个）

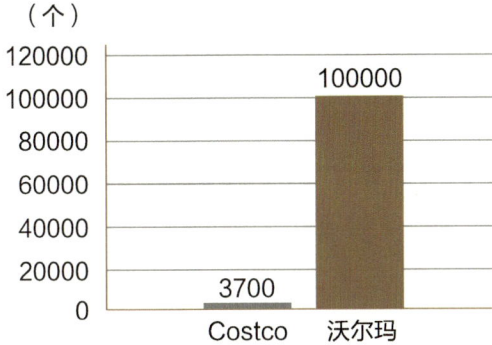

Costco 与沃尔玛库存保有单位比较

（个）

Costco 与美国零售行业平均库存保有单位比较

表 16-1 Costco 商品品类

品类	代表商品
加工食品	零售、糖果、烟酒、饮料、包装食物等
新鲜食品	肉类、熟食、烘焙产品、农产品等
硬货	五金、电子产品、健康及美容产品、办公文具、园艺用品等
软货	服装、家纺、家居、日用品等
杂货	卫生纸、厨房纸巾、面巾纸、纸盘、洗洁精等
辅助产品	油、气、医药、眼视光附件等

第四，通过超大规模销售及高端供应商返利，获得极强的话语权。 Costco 的低价采购策略，保证了每一件商品都具备非常高的销售规模，这会对供应商产生巨大的"诱惑"，极大地提升公司对供应商的议价能力。Costco 不仅可以以极低的价格进货，还可以买断部分商品，从而成为部分"爆款"商品在市场中唯一的销售渠道。

早期，为了吸引高端商品供应商将商品投入 Costco 店内销售，Costco 寻求与其供应商建立长久的采购关系，并在合作初期给了供应商较高的返点。后来，由于 Costco 逐渐形成了品牌，且进驻到 Costco 店的单品大都实现了规模销售，Costco 对高端供应商形成了口碑吸引，促使他们将商品投放到 Costco 店内进行销售。

第五，选址郊区，自有核心物业，严格有效地控制运营成本。 在扩张的过程中，Costco 门店大多选择开设在远离城市的郊区高速公路旁边，那里的地价和房价相对便宜。其门店建设主要是通过购买土地，自建房屋，自持物业的方式推进。截至 2018 年底，Costco 已在全球拥有 762 家门店，其中，607 家门店都是由其自建的。只有当所在门店的国家或地区不允许外资购买土地时，Costco 才会选择以租赁的方式扩展门店。此外，其门店大多选择极简风格的建筑和装修风格。Costco 的一系列措施，极大地降低了门店的运营成本。

打造高效供应链体系，提高运营效率

为了将商品价格优势发挥到极致，Costco 通过打造极致的供应链体系，提高供应链效率，降低运营成本，从而进一步降低商品价格，以保持对竞争对手的商品价格优势，实现快速抢占市场份额的目的。Costco 打造其供应链体系的主要举措有五项：

第一，重构零售商与供应商关系。随着超市的发展，Costco 不断重构自身与供应商的关系，以提升其对供应链的管控能力，降低运营成本，为消费者提供更高性价比的商品。在超市开业成立之初，Costco 的话语权相对较弱。为了增加自身对供应链的管控能力，Costco 选择参与供应商生产，通过帮助供应商改进生产流程、物流运输方式，来降低其经营成本，从而促进产品的销售。随着 Costco 品牌的成功塑造和话语权的提高，针对部分商品，Costco 与供应商合作建立了自有品牌，共同优化生产过程、物流运输等环节，进一步降低商品和运营的成本。当某一品牌商品无法在 Costco 门店里以最优、最低的价格出售时，Costco 会联系工厂生产同类自有品牌商品，代替以前的商品，以此满足消费者的需求。对于需求量大的商品，Costco 采用自建加工厂的方式切入上游。1993 年，面对当时美国快餐店大肠杆菌污染事件频发的情况，Costco 非常担心市场中牛肉的质量。为此，决定建立一家自己的牛肉加工厂，甚至后来还建立了一家牛群饲养场。2017 年，Costco 陆续进入肘肉、肉禽等加工领域，以确保为消费者提供高品质、低价格的肉类商品。

第二，为供应商提供供应链金融服务，以提高流通效率，降低流通成本。零售商通常掌握着对上游供应商的议价权和付款账期话语权，针对供应商的押款现象比比皆是。供应商尤其是中小企业，大都面临着来自经营资本层面的压力，加之经济危机的影响使美国借贷市场对中小企业的融资全面收紧，使中小企业融资难、融资贵的问题尤为突出。为了更好地满足零售业务的发展需求，Costco 实施了供应链金融服务战略，持续不断地满足供应商对资金的需要，帮助供应商缩短资金回收周期，降低供应链的成本和风险，提高短期内现金流回报率，最终实现促进 Costco 零售业务的快速发展。

参与供应商生产过程
帮助供应商改进物流、生产过程等来降低价格，以实现更好的销售

与供应商合作建立自有品牌
与供应商共同建立自有品牌，优化生产过程、优化物流等，进一步降低价格，为消费者提供性价比更高的商品

自有品牌代替价格高的品牌
当某一品牌商品无法在 Costco 门店里以最优最低的价格销售时，Costco 会找工厂生产同类自有品牌商品以代替前者商品

Costco 与供应商的关系

第三，建立自有品牌，减少品牌溢价，进一步扩大价格优势。一方面，Costco 积极与供应商进行合作；另一方面，为了降低品牌产品的溢价，Costco 降低商品成本，进一步扩大价格优势。自 1995 年起，Costco 不断发展自有品牌柯克兰，其品牌产品包括电器、服装、糖果、面包、酒水、生鲜肉制品、保健产品等。目前柯克兰已经成为全美排名第一的健康品牌。历年财报数据显示，Costco 自有品牌的销售额正在逐年提高。2018 年，其自有品牌销售额高达 380 亿美元，占其总销售额的 28%。

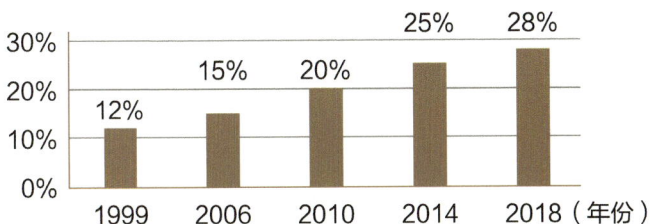

自有品牌柯克兰销售占比分析

第四，储销一体化，提高供应链效率，降低经营成本。 与其他传统零售超市不同，Costco 将门店卖场和仓库完全融合。其商品大多被设计成大包装，货物被送达门店后，通过叉车将其直接转移至钢制货架上。这样可以节省仓储面积和理货工作量，极大地减少了中间存放和二次运输的费用。而且，以这种方式可以鼓励消费者进行大批量购买，加快了商品销售速度，提高了资金周转速率。

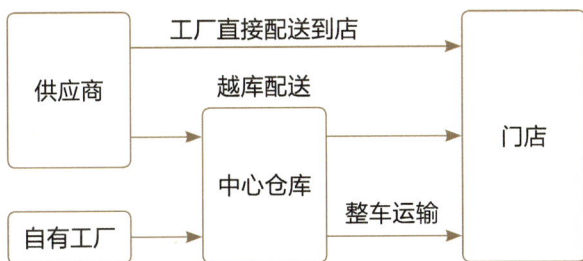

Costco 配送方式

第五，建设中心仓库，采用越库配送方式，打造现代化的物流体系。 为了提升物流效率，Costco 在扩张的过程中，不断完善着物流体系的建设。截至 2018 年末，Costco 共建设了 24 个大型物流中心仓库以支撑 762 家门店的运作。中心仓库具有极强的货物吞吐能力，可通过一站式中转，快速将商品运送至门店，消除了传统多步骤运送方式导致的低效率。目前，Costco 约 30% 的货物由供应商直接配送到门店，约 70% 的货物由供应商运送至中心仓库。此外，Costco 还采用了先进的越库配送方式，不经过中间仓库或站点，以完整托盘的方式直接进行进出货作业，且货物到达门店后无须拆包，直接陈列，这样极大地提高了物流的效率，降低了人工成本。

表 16-2　中心仓库与门店同步扩张

年份	中心仓库数量（个）	门店数量（家）
2005	14	433
2006	16	458
2007	16	488
2008	16	512
2009	18	527
2010	19	540
2011	20	592
2012	21	608
2013	22	634
2014	23	663
2015	23	686
2016	24	723
2017	24	746
2018	24	762

完善的会员体系，强化消费场景，增强消费黏性

不同于其他传统零售超市，Costco 的目标客户定位于中产阶级，并采用会员制收费模式。由于 Costco 会员体系的"先期投入"模式提高了

表 16-3 Costco 美国会员体系

分类	个人会员 根据是否参与返利，分为普通卡和升级卡、付费会员可额外持有一张免费家庭附属卡片		企业会员 根据是否参与返利，分为普通卡和升级卡	
	普通卡	升级卡	企业普通卡	企业升级卡
1996 年会费（美元）	40	100	40	100
1999 年会费（美元）	45	100	45	100
2004 年会费（美元）	50	100	50	100
2010 年会费（美元）	55	110	55	110
2016 年会费（美元）	60	120	60	120
2016 年以后会员权益	无	年度消费额 2% 的返利，最高返现上限为 1000 美元 / 年；顾客服务的额外优惠	可添加其他人加入会员；可购买转让	年度消费额 2% 的奖励，最高返现上限为 1000 美元 / 年；顾客服务的额外优惠；可添加其他人加入会员；可购买转让员

消费者跳转至其他消费渠道的成本，所以极大地提高了消费者的忠诚度和消费频率，从而带动了门店销售额的增长。此外，Costco 通过会员模式，可以掌握大量会员信息，并进行数据分析，实现精准营销，满足消费者需求。

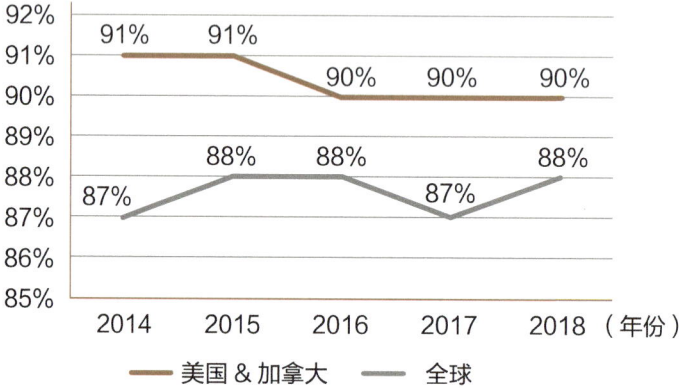

Costco 会员续约情况分析

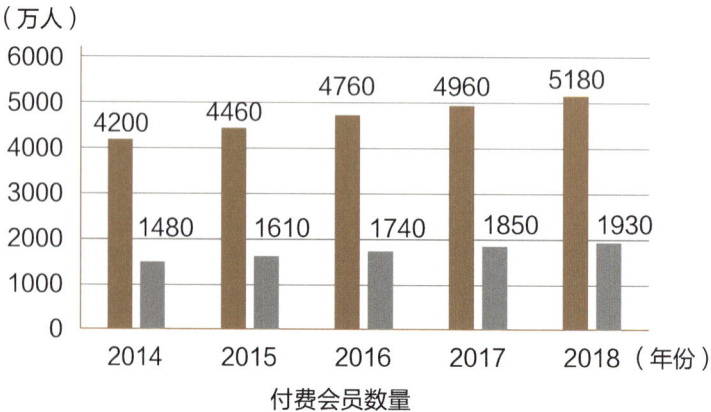

付费会员数量

Costco 会员续约情况分析

Costco 会员分为个人会员和企业会员。根据是否参与返利，个人会员可被分为普通会员和升级会员。升级卡优势在于持有者可以享有年度消费额 2% 的返现，但最高返现金额不超过 1000 美元 / 年，其次还可以额外享有商品和服务的优惠，另外，所有付费会员都可领取一张免费家庭附属卡片。企业会员根据是否参与返利，也分为普通会员和升级会员。企业卡可添加不同副卡，这样可以方便不同的员工采购。企业升级卡享有年度消费额 2% 的返现，且最高返现金额不超过 1000 美元 / 年，此外，还可享受特定商品的优惠。

Costco 的经营宗旨就是给会员省钱，会员费以外的利润一概不赚。也正因如此，Costco 依靠着优质商品、低廉价格以及优质服务等，获得了消费者认同。2018 年财报显示，Costco 拥有付费会员 5180 万人，其中升级会员 1930 万人，会员费收入高达 31.42 亿美元，且会员续约率超过了 90%，全球续约率呈稳定上升趋势。

为了吸引会员到店消费，Costco 大力发展生活化服务。例如，配套美食广场，常年推出试吃活动，设立低价加油站、洗车中心、助听中心、冲洗打印、药店等。使商品销售和其他配套服务相辅相成，优化了消费者的到店服务体验，提升了门店流量以及消费黏性。

盈利模式与商业本质分析

与其他传统零售商依靠赚取商品差价实现盈利的模式不同，Costco 以会员制为导向。财报数据显示，2018 年 Costco 营业利润为 44.8 亿美元，会费收入为 33.42 亿美元，利润贡献占比高达 74.6%。

从本质上看，Costco 是一家服务公司。一方面，Costco 通过规范化采购、高额返利、高效供应链体系及自有品牌打造等策略，为客户提供极致性价比的商品服务；另一方面，Costco 通过设立优质服务场所，提高会员消费体验。商品及服务收入用来抵偿成本及经营费用支出，而会员费收入才是 Costco 利润的主要来源。

全渠道布局，看宝贝格子如何玩转新零售

母婴行业是跨行业、跨部门的综合产业群，也是主要满足孕产妇及 0~12 岁阶段婴童用户的衣、食、住、行、用、娱等需求的消费产业体系。在中国母婴产品市场高速发展、年轻家庭育儿消费升级的宏观背景下，传统母婴产品零售厂商及互联网垂直母婴产品厂商，分别自下而上、自上而下开展全渠道布局，以全渠道为起点的母婴产品新零售时代已经来临。母婴线上内容矩阵构建，线下深度体验场景布局，线上、线下协同运营，成为母婴新零售时代初期各大母婴厂商运营的关键点。我们以宝贝格子公司为例，看跨境电商如何玩转新零售。

以线上用户数据驱动线下发展，开展全渠道布局

中国母婴行业市场规模稳定增长，母婴零售市场持续繁荣，2018 年中国母婴行业规模已突破 3 万亿元人民币。当前处于母婴新零售初期，母婴行业正在经历从产业链上游到下游的数字化转型，以用户数据为核心，驱动供应链及线下门店数字化升级。

宝贝格子公司以多年线上数据积累，以大数据驱动，指导线下发展，如线下店选址、库存建议、用户偏好分析等。较为丰富的流量入口，为线下流量导流提供线上支持。同时借助根深蒂固的互联网思维，迅速开展线下生态布局。宝贝格子线下店，通过跨医疗、教育、旅游、亲子等市场的联合建设，融合发展，在延长用户生命周期的同时，向线下延伸，开拓更多的消费场景。线上、线下双向同步建设市场，通过线上、线下渠道进行资源的整合、数据的打通，为用户提供更多的消费场景和更完

善的体验服务。

宝贝格子的商业模式

线上平台向母婴内容电商转变，提高用户转化率

早期的垂直母婴电商平台，用户生命周期短，黏性差，流失率高。宝贝格子公司通过线上母婴内容矩阵构建，利用线下门店向线上内容引流，将线上以购物为目的的用户引导至内容矩阵，通过社群营销、知识分享、社交互动等方式，增强用户黏性，并提高客户转化率。

由用户生产内容向专业生产内容转变，提高用户黏性

普通用户的孕育生活分享及知识分享，成就了内容矩阵流量长尾。通过线上圈子划分，及线下城市母婴社群的活动组织，长尾优势不断扩大。长尾成为用户迈入宝贝格子的第一步，此后不断引导用户向专业内容者转变，使用户生命周期不断延长。

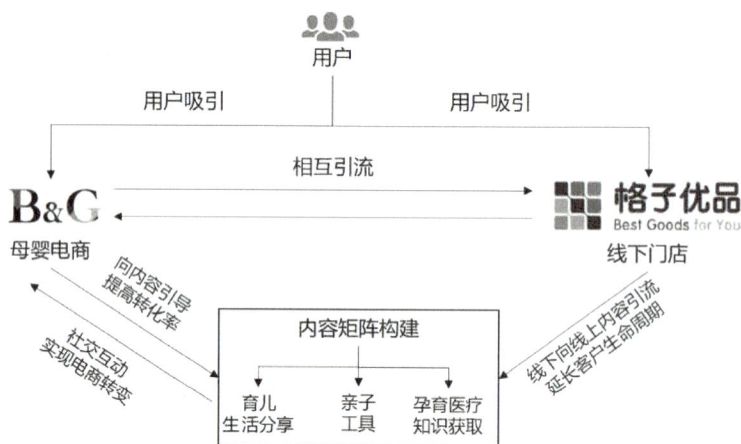

宝贝格子的用户引流方式

母婴内容矩阵构建抢占了线下专业医疗资源及母婴达人，增强了用户对宝贝格子的信赖度，内容矩阵成为以关键意见领袖为中心的网状社群分布综合体，其用户黏性强，商业价值高。而且达人的分享方式多样化，以短视频和直播的形式增强了用户体验感。

宝贝格子公司将电商平台以及内容矩阵相关数据进行融合，全方位解析用户需求偏好，从而指导产品开发、线下生态布局。

采用全球工厂 C2B 模式，数据驱动满足用户多元化产品需求

宝贝格子公司采用全球工厂 C2B 模式，通过与海外工厂合作，提供全球化产品，为中国母婴用户在全球工厂打造最适合的母婴产品，满足用户对产品的多元化需求。以用户为中心，通过线上内容矩阵获取用户对产品的偏好，整合全球供应链，开发定制适合中国母婴用户其至是各细分母婴人群需要的母婴产品。

宝贝格子公司在 20 个海外国家建立了"仓储＋工厂"体系，依托标

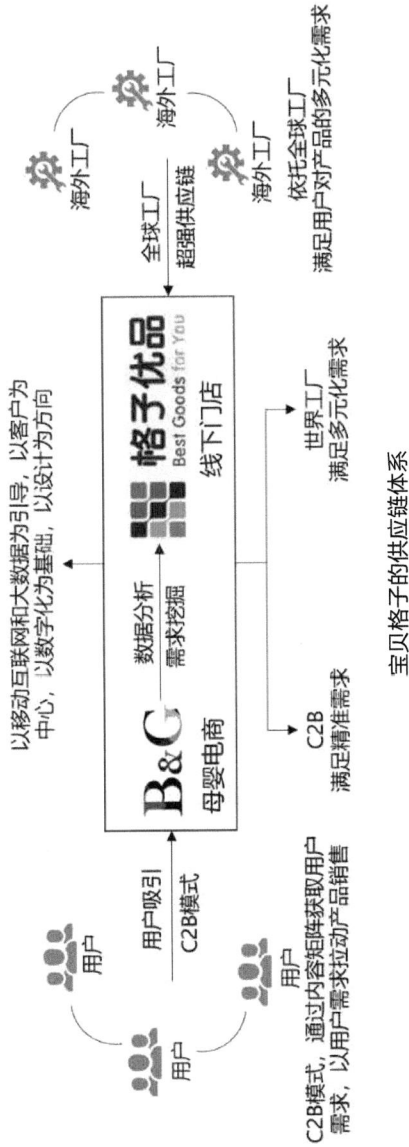

以移动互联网和大数据为引导，以客户为中心，以数字化为基础，以设计为方向

海外工厂

全球工厂

海外工厂

超强供应链

依托全球工厂满足用户对产品的多元化需求

B&G　数据分析　格子优品 Best Goods for You

母婴电商　需求挖掘　线下门店

C2B　满足精准需求

世界工厂　满足多元化需求

用户

用户吸引　C2B模式

用户

C2B模式，通过内容矩阵获取用户需求，以用户需求拉动产品销售

宝贝格子的供应链体系

准化供应链体系，提供海外产品供应服务。同时打造 C2B 模式，发展自有品牌，与日本一线母婴品牌产品生产线合作，以药品生产标准生产母婴产品。未来，还将布局更多全球母婴生产线。

亲子服务多业态布局，满足用户母婴服务及内容需求

宝贝格子公司在满足用户产品需求的基础上，通过线上内容打造及线下场景构建，满足了用户对育儿生活的分享需求、育儿知识的获取需求以及母婴服务的相关需求，打造了母婴需求一站式解决方案。**在线上内容矩阵上，结合母婴社交的内容打造形式，从育儿生活分享、亲子工具、育儿知识付费等方面入手，构建母婴人群线上汇集中心。**在线下亲子场景上，从全日制早教、育儿服务、亲子互动三个方面，打造母婴人群线下汇集中心。

宝贝格子公司以线上 App 为依托，以线下格子优品门店为核心，打造"1+X"线下母婴新零售平台，将线上内容构建、线下场景体验融为一体，形成了新零售母婴综合体。

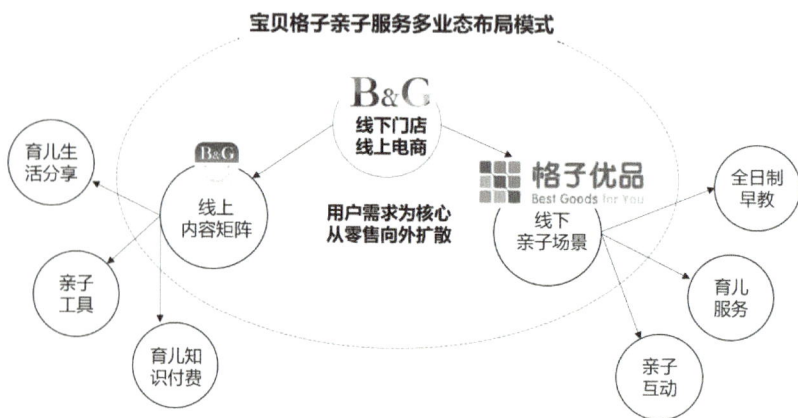

宝贝格子亲子服务多业态布局模式

大数据分析规避风险，指导线下门店运营

宝贝格子公司通过前期用户数据积累，精准获取用户需求，分析门店人群定位，指导线下母婴加盟门店地理位置选择，以规避前期风险。另外，还可以指导智慧门店、会员管理、库存管理等。

在门店类型选择上，宝贝格子公司根据用户偏好，选择相应的亲子生态布局方向，再确定不同的门店类型，如旗舰店、综合体、成长中心等，匹配不同的生态内容，如亲子互动、全日制早教、育儿服务等，以降低获客成本。

宝贝格子公司采取门店加盟的方式，并与中国检验认证集团合作，优化格子优品加盟门店管理，建立商品来源可追溯体系，率先抢得母婴新零售的优势。

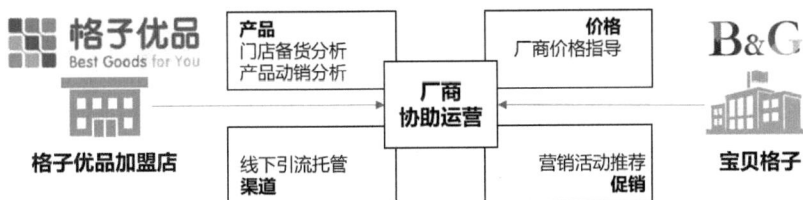

宝贝格子的加盟店运营体系

在产品方面，宝贝格子公司通过线上大数据分析，根据门店附近人群定位及产品偏好，提供母婴加盟门店备货指导，并对母婴门店产品动销情况进行实时分析，提供产品销售指导。

在价格方面，宝贝格子实现线上、线下统一价格体系，根据季节性销售周期及节日促销活动，实时指导线下门店调整价格，确保产品在价格上保持竞争力。

在渠道方面，线下门店负责用户引流，将线下用户引流到线上后，

宝贝格子公司将托管该部分用户。宝贝格子通过内容电商使该部分用户实现价值转化，收益归门店所有，从而激发加盟商的用户导流积极性，实现用户从线下向线上引导的良性循环。

在促销方面，宝贝格子公司根据线下门店的需求，推送营销活动实施方案，协助加盟店开展营销活动、促销活动，保证线下活动的高质量实施。宝贝格子公司的统一营销指导，树立了母婴新零售品牌的专业形象。同时，**经过用户偏好分析且具有针对性的营销活动，将增强门店对用户的引流效果。**

消费场景搭配服务体验，打造育儿生活方式获取消费认同

宝贝格子公司以母婴非标品为主，搭建用户家庭母婴消费场景，从儿童房消费场景、儿童外出消费场景两方面入手，打造育儿生活方式吸引母婴用户人群，并以全日制早教场景、育儿服务场景、亲子互动场景为落脚点，构建母婴新零售线下生态布局。**"浸入式消费场景"搭配"体验式服务场景"，满足了用户对母婴服务的多元化需求。**

线下门店生态布局，降低获客成本，增强用户黏性

在线下门店布局方面，宝贝格子公司通过分析一、二线城市母婴人群与三、四、五线城市母婴人群的属性特点，从教育、娱乐、健康三个方面布局差异化线下门店生态系统。从而，根据母婴加盟店消费人群定位、多场景打造、地理位置选择三个维度的评估结果，确定门店定位，完善母婴新零售线下布局。

宝贝格子公司将线上内容电商与线下零售流量互导，增加获客途径。

宝贝格子多场景构建

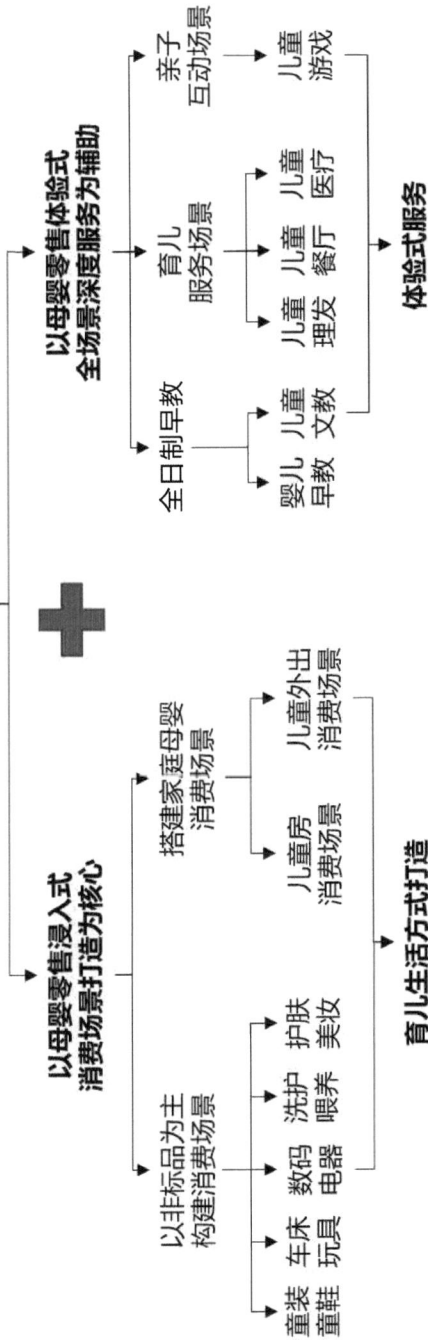

以母婴零售浸入式消费场景打造为核心 + **以母婴零售体验式全场景深度服务为辅助**

以母婴零售浸入式消费场景打造为核心

以非标品为主构建消费场景

- 童装童鞋
- 车床玩具
- 数码电器
- 洗护喂养
- 护肤美妆

搭建家庭母婴消费场景

- 儿童房消费场景
- 儿童外出消费场景

育儿生活方式打造

以母婴零售体验式全场景深度服务为辅助

全日制早教

- 婴儿早教
- 儿童文教

育儿服务场景

- 儿童理发
- 儿童餐厅
- 儿童医疗

亲子互动场景

- 儿童游戏

体验式服务

宝贝格子的营销场景

181

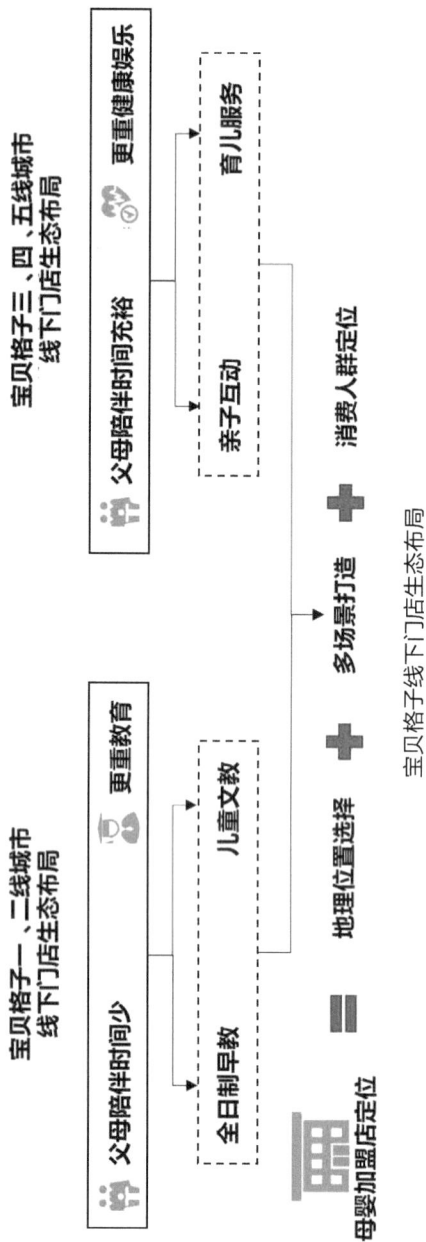

宝贝格子一、二线城市
线下门店生态布局

宝贝格子三、四、五线城市
线下门店生态布局

父母陪伴时间少

更重教育

父母陪伴时间充裕

更重健康娱乐

全日制早教　儿童文教

亲子互动　育儿服务

母婴加盟店定位 == 地理位置选择 ✚ 多场景打造 ✚ 消费人群定位

宝贝格子线下门店生态布局

通过线下生态布局的方式，打造多场景消费综合体。与传统母婴门店的获客方式相比，既降低了获客成本，又增强了用户黏性。

线上、线下协同布局，构建新零售核心体系

宝贝格子公司以线上内容电商和线下生态布局为抓手，线上、线下协同运营。在线上垂直母婴电商的基础上，打造内容矩阵，利用社群营销提高用户转化率和黏性。通过线上用户的大数据积累，指导线下母婴生态布局，在新零售初期采用加盟的模式实现门店快速布局，并通过门店生态布局，打造多消费场景，降低获客成本，构造育儿生活方式，寻求消费认同。

围绕全品类商品抢占先发优势，打造母婴新零售平台

宝贝格子公司依托海外供应链覆盖"20+"个国家和地区，全球"3000+"款母婴品牌，打造了全球工厂 C2B 模式。旗下格子优品品牌以用户需求为核心，围绕母婴全品类商品，以"1+X"模式覆盖母婴全生态链，打造集母婴家庭消费、婴幼儿娱乐为一体的多场景消费连锁品牌，将线上快速浏览、线下场景体验融为一体，形成了新零售时代中的母婴综合体。

成功的企业找方法，失败的企业找借口。宝贝格子公司的全渠道布局思维，以及新零售探索历程，充分说明了这一点。**未来的市场一定属于智慧供应链以及大数据应用，企业要依托大数据和信息系统，将客户综合感知、智慧指挥协同、客户精准服务、职能全维协同、重点聚焦保障等要素集于一体**。各个系统要在信息的主导下协调一致地行动，最大限度地凝聚服务能量，有序释放服务能力，最终使服务变得精准，使供应链变得透明、柔性和敏捷，由此形成"供应链＋营销＋大数据"的三

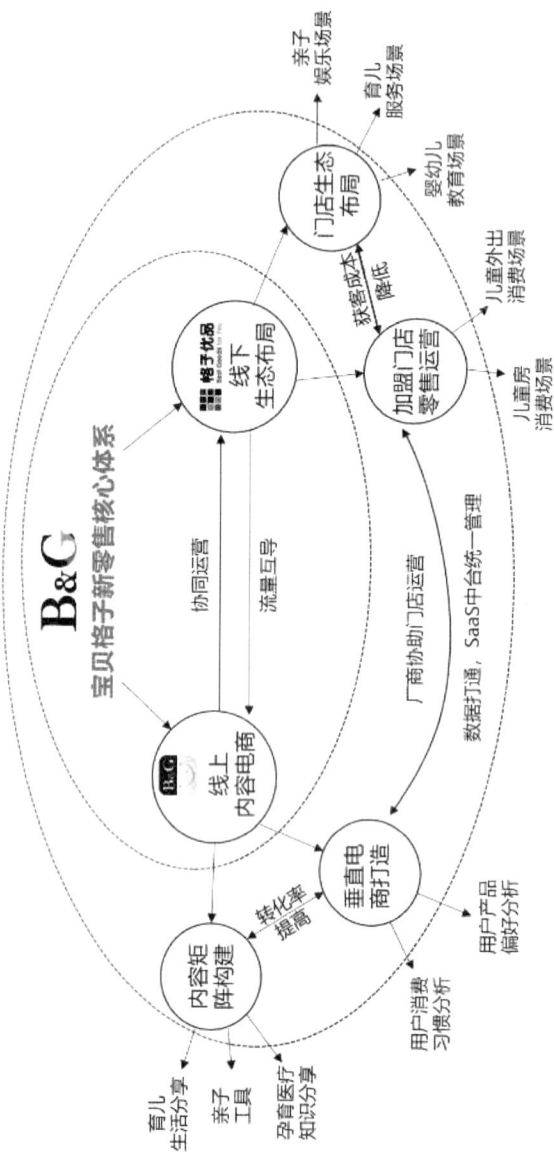

宝贝格子新零售核心体系

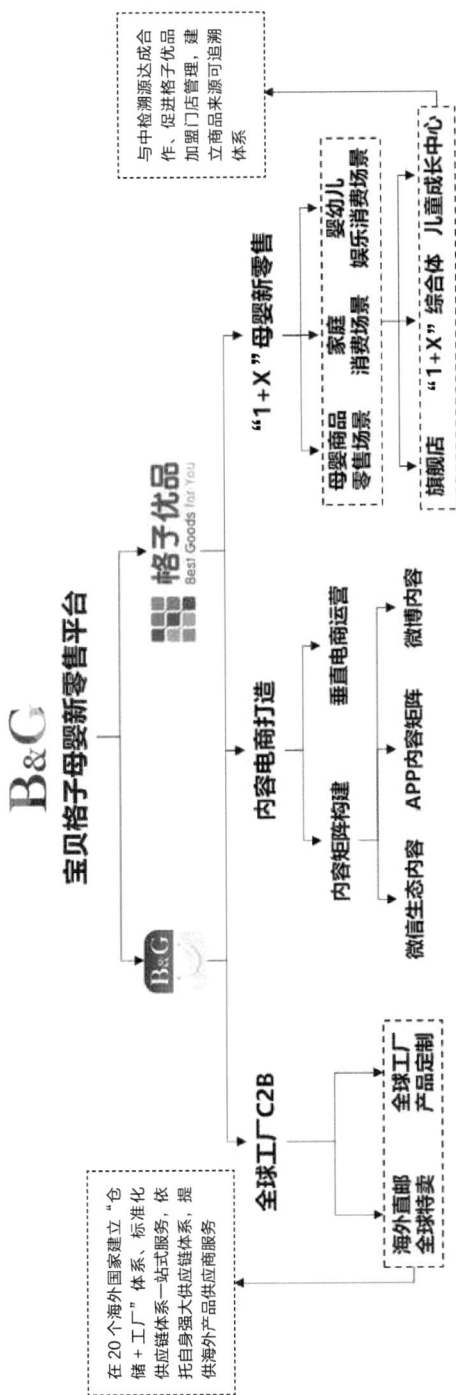

B&G
宝贝格子母婴新零售平台

全球工厂C2B

- 全球工厂 产品定制
- 海外直邮 全球特卖

在20个海外国家建立"仓储+工厂"体系，标准化供应链体系一站式服务，依托自身强大供应链体系，提供海外产品供应商服务

格子优品
Best Goods for You

内容电商打造

内容矩阵构建
- 微信生态内容
- APP内容矩阵
- 微博内容

垂直电商运营

"1+X"母婴新零售

- 母婴商品 零售场景
- 家庭 消费场景
- 婴幼儿 娱乐消费场景

旗舰店 "1+X" 综合体 儿童成长中心

与中检溯源达成合作，促进格子优品加盟门店管理，建立商品来源可追溯体系

宝贝格子母婴新零售平台

位一体模式。

网红如何用一场直播创造数千万元销售额

"网红"，顾名思义，是指"网络红人"，他们往往在网络上因为某个事件或者行为而被人群关注。得益于网络的放大作用，他们受到网络世界的强烈追捧，成为"网络红人"。在多元化发展的时代，网红已经成为众多领域的"意见领袖"，往往是某个行业或领域的权威人士，他们凭借自己的专业知识，在信息传播的过程中极易得到认可。由于他们大多与用户拥有相近的价值观，所以网红的粉丝常常体现出高黏性的特点。近几年，人们逐渐发觉，很多网红拥有令人惊奇的营销能力，一场网红直播可以创造千万元的销售额。

网红直播营销产生巨大经济效益

直播营销，在互联网领域有一个更直观的名字——直播带货。**直播营销是借助互联网平台，特别是社交平台，发展起来的一种新型商业模式。直播营销的具体营销方式为，具备网络影响力网络红人通过直播平台进行直播，为用户推荐产品。** 其主要包括两种类型：一种是创业者、商家、品牌方开设直播间，推广自家产品，这是店铺销售服务的延伸；另一种是职业主播或者网络红人开设直播间，通过专业知识或影响力积累粉丝，为粉丝推荐某种商品，并帮助粉丝解决售后问题。

直播营销已经成为商家触达消费者最直接也是最重要的途径之一。2019 年"双十一"购物狂欢节，网红李佳琦进行了时长为 5 小时的直播，累计观看人数为 3100 万人，累计出售商品种类为 39 种，累计商品销量为 152.7 万件，累计商品销售额为 6.6 亿元。另一位淘宝超级网红薇娅也不遑多让，在当天直播 6 小时，累计观看人数为 3800 万人，累计出售商品种类为 57 种，累计商品销量为 97.6 万件，累计商品销售额为 6.61 亿元。

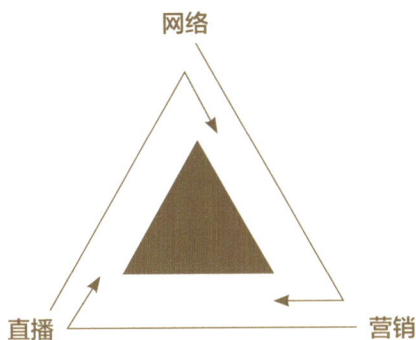

利用互联网直播的营销活动

网红的价值已不仅仅是炙手可热的话题流量，更是令人叹为观止的经济效益。品牌商或平台凭借网红自身的流量优势，用低成本的直播方式，快速将产品推广给消费者，结合场景化的营销手段提高了转化率。部分商家已经开始自建直播渠道，希望能与消费者建立有效的联系机制。

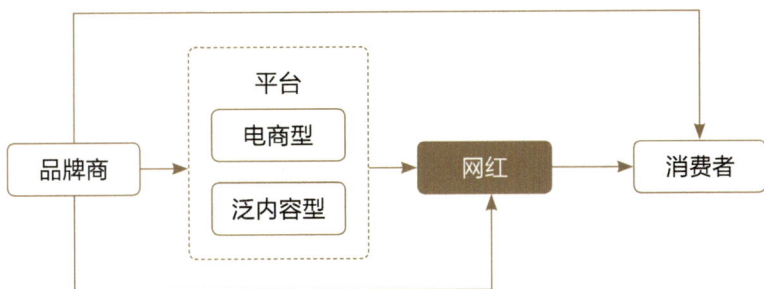

直播营销

网红直播带货商业模式分析

网红直播涉及众多垂直领域，对消费者的定位更加精准。随着网红数量的大幅增加，网红直播涉及的领域也在不断扩大。从早期的泛娱乐内容作品创作，到后来开始逐步深耕众多垂直领域，直播内容涉及知识科普、信息分享、美食、财经等亟待挖掘的新兴垂直领域。这些领域也逐渐成为孕育新生代网红的土壤。

如今，新兴垂直领域涌现出了大批拥有庞大垂直领域粉丝的网红。新兴垂直领域的商业营销通过直播的方式展现出令人惊讶的生命力，其主要原因在于，大众对于直播手段的认可让大批潜在消费者对相应垂直领域的关注度持续上升，继而成为相应网红的粉丝，他们会通过社交平台等方式，将网红打造的内容分享给他人，从而帮助网红获得更高的关注度。显然，垂直领域的网红身边往往聚集了更为精准的目标客户，往往使网红在直播营销中事半功倍，这也是顶级网红能屡屡创造营销神话的重要基础。

直播营销体系

一方面，垂直领域的网红拥有相对专业的指导意见，能站在更加专业的角度为庞大的精准客户群体讲解产品，满足其消费需求；另一方面，直播的方式可以使网红更容易融入观众群体，这让他们展现出来的形象不再是销售员，而是消费者身边乐于分享好产品的朋友。

得益于这两大优势，网红直播的转化率相当高。**网红借助其网络号召力和影响力，将消费者的信任转化为对产品或品牌的认同，最终实现了消费转化。**

如何打造超级网红

我们熟知的各大网红，如李佳琦、薇娅、李子柒等，背后都有网红孵化机构的身影，从而保证网红对内容的持续输出以及用户流量的变现，实现商业模式与商业逻辑的闭环。

随着网红市场的竞争越来越激烈，单兵作战已经不足以支撑头部网红的工作需求。据 2019 年网红行业发展白皮书报告，我国网红孵化机构已经超过 5000 家，90% 以上的头部网红背后，都有网红孵化机构的帮助。孵化平台往往能为网红带来质的改变。

表 16-4　网红孵化公司

网红孵化公司	旗下部分网红
谦寻	薇娅
美 ONE	李佳琦
微念	李子柒
papitube	papi 酱
洋葱视频	办公室小野、苏豪同学
思空	追风少年刘全有、回忆专用小马甲

网红运营体系

在直播营销时，虽然只有网红一人在分享内容，但其背后其实有一整个团队的支持。**内容创作是决定网红成败的核心因素。然而，内容创作往往是一件费时费力的事情，包含诸多方面：内容策划、文案设计、视频拍摄及剪辑、自媒体平台运营管理、客户数据分析等**。整个团队只有各司其职，相互配合，才能源源不断地输出优质内容。

商业营销离不开产品，劣质的产品一定会成为企业营销的阻碍。对于网红直播而言，也是如此。精耕细作的内容加上质量上乘的产品，直播营销才能保持强劲的生命力。

目前，直播已开始朝着健康、良性的方向发展。直播为我们带来了娱乐方式的变化，同时也给企业带来了新的机遇。**直播营销作为互联网平台的最新营销手段，利用全新的视频互动模式，将企业营销带入了新的纪元。**

第十七章　赋能新动力，驱动大市场

海底捞千亿元市值是怎样炼成的

餐饮行业因门槛较低，是不少人创业的首选，而火锅因其易于复制的特点，又成了餐饮创业者的首选。目前，火锅市场同质化加重，竞争激烈。然而，海底捞却发展成了拥有百余家直营店、四个大型现代化物流配送基地和一个底料生产基地的大型跨省直营餐饮品牌火锅店，并且多次获得"最受欢迎十佳火锅店"及"中国餐饮百强企业"荣誉称号。

服务营销，让消费者为优质服务付费

海底捞找到了与传统餐饮企业实现差异化的突破口——服务。不只是简单的服务，更是极致化的服务。

一方面，提供免费服务。在排号等待区，海底捞会为顾客提供免费的茶饮、小吃，并安排服务员进行贴心服务。因此，很多消费者愿意花费更长的时间，耐心等待用餐。

另一方面，提供有形服务。服务本身是虚无缥缈的，但海底捞却将服务变成了"有形"的存在。消费者在用餐时，有固定的服务员。热情的海底捞服务员"决不允许"顾客亲自动手，直观地表现为，顾客的杯子永远都是满的，手边的毛巾永远都是干净、温热的。

甚至很多网友表示，海底捞的服务不是极致，而是"变态"。例如，在排号等位区提供美甲、擦鞋服务，为过生日的顾客送上生日蛋糕、献

唱生日快乐歌，为丝袜破损的女顾客送上崭新的丝袜……无论多么出人意料的服务内容，海底捞似乎总能先人一步想到，并完美实现，这便是其受到消费者如此追捧的重要原因。

社交营销，于无形中提升曝光度

在"90后""00后"消费者成为市场主力军的当下，若能够抓住年轻人的需求，就能率先占领市场。新一代的年轻消费群体伴随互联网而生，网络社交已经成为他们的刚性需求。海底捞针对这一现状，巧妙地将自己变为年轻消费者的社交符号。

海底捞带动消费者创造年轻化、创意化的火锅食用方式，让年轻的消费群体自主衍生出无数创意，如曾经火爆一时的鸡蛋虾滑面筋。海底捞在借其吸引消费者的同时，又利用消费者的创意发掘了更多新吃法，将"鸡蛋虾滑面筋"变为其消费者在社交时的必谈话题。

总而言之，海底捞基于年轻人的关注点以及网络社交特点，不断创造亲民的火锅新吃法、新玩法，从而让消费者主动参与到公司的品牌传播过程中。

内容营销，用故事"圈粉"

传统营销方式往往通过广告来推销产品，但是这种方式并不适用于火锅品牌。火锅的菜品、锅底，极容易被同行模仿。但是海底捞为何能给消费者留下深刻的印象，它进行品牌传播的方式有何独到之处？其答案为，海底捞通过新媒体平台向消费者传达海底捞的精神，这恰恰满足了新一代消费群体对消费价值的需求。

海底捞曾以"小情绪"为突破口，打造了一组宣传广告片，将其通

表17-1　海底捞的服务标准和内容

服务项目	服务内容
七句用语	请、谢谢、对不起、您好、再见、没关系、欢迎光临
服务标准	第一，"五声四勤"。五声：欢迎声、回答声、谢谢声、抱歉、欢送声，四勤：眼勤、嘴勤、手勤、腿勤； 第二，欢迎顾客要目光注视对方，让顾客感受到充满热情的笑容 第三，员工以友善的话语表示欢迎，不要使用重复机械的问候语
服务心态	做事开朗，激情活力，不拘谨坦然，乐观大方，表里如一，胸怀坦然，进取上进，不带情绪，遇事冷静，百问不厌
基础服务	在保证顾客满意的前提下认真服务，争取做到操作流程不疏漏
常规服务	第一，发毛巾，发毛巾时热情大方，有热毛巾和冰毛巾供顾客选择；顾客到桌后两分钟内递送毛巾，并称呼"先生"或"女士"，发毛巾分清主次，动作规范，每桌每位顾客换毛巾的次数不低于四次，顾客无特殊需求不得高于六次，无需要不必勉强 第二，保店灵欢迎顾客时要目光直视对方，要以友善的话语表示欢迎，如你好、小心路滑，要让顾客感受热情 第三，送柠檬水、汤，豆浆的人员要保证柠檬水的卫生质量，汤、豆浆的温度在80℃左右 第四，随时供应以上饮料，确保供应到位，无短缺
超值项目	免费供应西瓜、哈密瓜、炸虾片、炒青豆、情人果等零食；提供扑克、象棋、围棋等游戏用品；免费提供擦鞋、美甲、上网服务；递送围裙、手机自封袋以及皮筋等
重点服务	对待老人、小孩、残疾人应该做到的特殊服务

过微博、微信等社交平台进行传播。广告片内容没有刻意渲染，讲述的都是我们普通人的日常，将加班、单身等状态进行了细致的刻画，使消费者产生共鸣，让消费者在不知不觉间建立了与品牌之间的情感联系。

事实上，在广告泛滥的今天，以小情绪、爱情等为主题的广告屡见不鲜。但海底捞却能通过"旧瓶装新酒"的方式，以极富感召力的情感，将故事讲得深入人心，在消费者心中树立起"陪伴"的品牌形象，从而与消费者建立起情感连接，进一步获得消费者的关注，并充分调动消费者的积极性。

在传统媒体时代，渠道为"王"。而在互联网时代，媒体融合已成为既定事实，内容才是走进消费者内心的关键。这意味着，企业要学会讲品牌故事、用户故事，让消费者在故事中感受到企业的用心，从而增强黏性，毕竟"唯有好故事经久不衰"。

企业"自卖自夸"的营销方式，早已不能适应互联网时代的竞争规则。用户口碑在当今世界的商业竞争中显得尤为重要。

利用消费者的炫耀心理、分享心理以及被认同心理，在提升服务质量，打造良好的就餐环境，以及推出丰富的菜品等前提下，通过消费者的口口相传，与社交平台中的舆论引导，海底捞不断积累用户口碑，吸引了越来越多的消费者。相较于传统的广告宣传，用户口碑的可信度更高，从而让消费者对品牌产生信任感，让每一个消费者都成为其"行走的广告"。

人才机制，构造海底捞的护城河

海底捞管理机制的特色体现在，扁平化门店管理及利益绑定规则，具体包括：师徒制、抱团小组制、A级门店评选制。

师徒制是指每个员工在刚刚进入海底捞时，都会被分配到师傅名下，一段时间后，店长会挑选优秀的员工进行培养和晋升。店长薪酬及利益，将与其徒弟店长、徒孙店长所管理的门店业绩绑定。

抱团小组制是指公司会将一个区域内为师徒关系的 5 ~ 18 家门店设为抱团小组，让有能力的店长担任组长，从而更好地实现扁平化管理。

A 级门店评选制是指海底捞会对其门店进行定期考核，并打分评级。只有门店达到一定等级，储备店长才具备开拓新店的资格。但若评级结果连续不达标，则可能会安排教练团介入该门店或安排其门店工作人员回到海底捞大学重新学习。

顾客的评价是最重要的考核标准。推崇"用双手改变命运"这一核心价值观的海底捞，在一系列优良制度的保障下，成功构建了扁平化的管理体系，既赋予了员工较强的积极性，又降低了员工流失率。目前，海底捞拥有较充足的人才储备，能为后续继续拓店提供保障。

海底捞从来不考核店面利润，只考核员工和顾客的满意度。其创始人张勇认为，考核利润没用，利润只是做事的结果，事做不好，利润不可能高；事做好了，员工满意了，顾客就满意了，顾客满意了利润不可能低。另外，利润是很多部门工作的综合结果，每个部门的功能不一样，很难合理地划分它们对利润的贡献值。不仅如此，利润的产生还有偶然因素的影响。如果门店选址不好，那么不论店长和员工怎么努力，也无法使其利润超过一个管理一般但位置绝佳的门店。因此，考核门店的利润，既不科学，也不合理。

供应链体系，打造海底捞的竞争价值

海底捞的商业模式，是将成本尽量向供应链的后端移动，实现规模化管理，产生规模化效益。同时，将生产与服务剥离，分别实现标准化和人性化管理。

在原料采购方面，每日原料进货量及生产量，都是在由门店报送需求后，计划部门根据供应链管理系统查询到实际库存，再进行严格数据分析，最终下达的采购及生产任务。

在物流配送方面，海底捞在北京、上海、西安和郑州四座城市建立了配送中心，为各地门店服务，负责片区门店的"区域要货、区域配送、区域库存"的管理。各门店订单通知发送到配送中心后，配送中心便将门店所需及时送到。与各门店独自组织配送相比，集中配送模式使物流成本更低，且减少了采购入口，最大限度地保证了食品安全。另外，海底捞的每个配送中心，都有一整套现代化的清洗、加工、检验、冷藏、冷冻设备。海底捞通过标准化的生产链条和专业化的后台加工配送体系，保证城区各分店菜品的标准化质量与有序化输送。

在盘点管理方面，海底捞每月月底都会针对仓储部和生产部进行大规模盘点，每月月中由仓储部对任意仓库进行动态盘点。

海底捞的创新不是简单无序的服务集合，而是基于顾客需求创造的服务系统。这种系统的优势表现为顾客需求满足能力、顾客价值增值能力、市场创新能力以及竞争有效应对能力。在企业发展战略的指导下，企业应将各个环节有机地结合起来，使其互相联系、互相配合、互相协调，共同发挥作用。

ZARA 以速度赢得市场

ZARA 是一家西班牙服装连锁零售企业。2019 年，ZARA 公司在全球品牌百强榜排第 29 位，其服装销售额近 300 亿欧元。

模仿而非创造

ZARA 公司并不热衷于创造潮流，而是热衷于对已经存在的时尚潮流进行快速反应。企业组建了一支多达 400 人的商务设计团队，其中包括设计专家、市场专家和采购人员。另外，派出"时尚观察员"在世界各地追踪最时尚的潮流信息，令他们穿梭于米兰、东京、纽约、巴黎等时尚都市观看服装秀，以撷取最新的设计理念与潮流趋势，进而推出高度时尚的单品。

ZARA 公司一年内推出超过 120000 款商品，约为同业者的 5 倍多。一些顶级品牌的最新设计刚刚发布，ZARA 公司就会迅速发布和这些设计非常相似的时装，以至于 ZARA 公司每年都要向那些顶级品牌支付几千万欧元的侵权罚款。

速度而非成本

ZARA 公司打造了一套从设计、制造到物流、销售，高度垂直整合的供应链管理体系，其强调速度而非成本的做法，在业界特立独行。

同业者大多将生产环节转移至发展中国家以降低成本，而 ZARA 公司却有 80% 的时装在欧洲生产。同业流行"轻资产"战略，而 ZARA 公司却自己提供生存所需的 40% 的布料，其 50% 的服装由 22 家自有工厂生产，另外斥巨资建立多个高度自动化的物流中心以自行配送。同业者大多采用轮船和火车等运输方式以节省物流费用，而 ZARA 公司却不惜成本采用飞机和卡车这类高成本运输方式，只为追求快速、灵活的物流效率。

款多量少而非量多款少

传统服装企业大多采取针对少量服装款式的大批量采购、生产的策略，以实现规模化的经济效益。

ZARA 公司却反其道而行，以"款多量少"的策略有效地强化了产品新鲜感。消费者在"独占心理"的驱使下，总能在短时间内将 ZARA 新款服装抢购一空。另外，其零售服装平均售价可以达到标价的 85%，远高于同业水平。

ZARA 公司的各连锁店每周都会有新品上市，每隔三周都会更新门店内所有服装产品，商品上、下架的替换率非常快。店内的每款商品库存量通常只有 5 件，门店采用"多款少量"的经营模式。

ZARA 通过这种"制造短缺"的方式，培养了一大批忠实的追随者。得益于"多款式、小批量"的策略，ZARA 公司成功实现了经济规模的突破。

灵活的供应链管理

ZARA 公司斥巨资设计、构建了一体化灵敏供应链。

ZARA 公司设立了 20 个高度自动化的染色、剪裁中心，把人力密集型工作外包给周边的 500 家小工厂甚至家庭作坊。而把这 20 个染色、裁剪中心与周边小工厂连接起来的物流系统，堪称一绝。

在距离西班牙 200 公里的生产基地内，集中了 20 家布料染色、剪裁中心，500 家代工终端厂。ZARA 公司将这片区域的地下进行改造，架设地下传送带网络。每天根据新订单，把最流行的布料准时送达终端厂，保证了总体上的前导时间要求。建设这样一个生产基地，需要投资几十

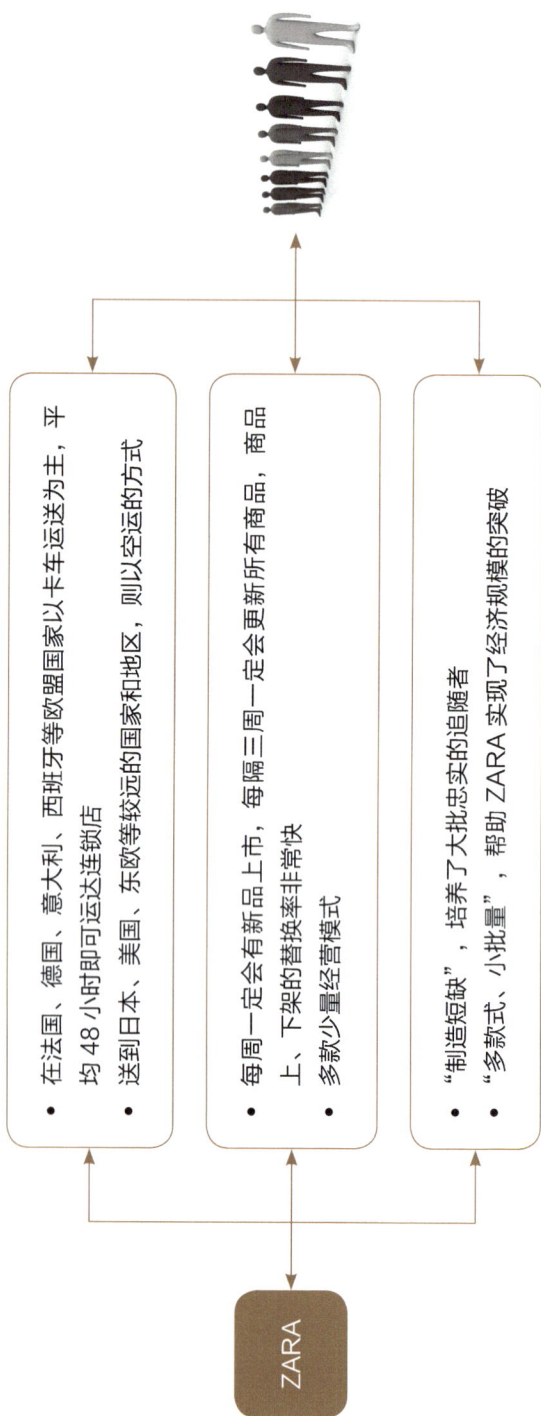

在法国、德国、意大利、西班牙等欧盟国家以卡车运送为主，平均48小时即可运达连锁店
- 运到日本、美国、东欧等较远的国家和地区，则以空运的方式

每周一定会有新品上市，每隔三周一定会更新所有商品，商品上、下架的替换率非常快
- 多款式少量经营模式

"制造短缺"，培养了大批忠实的追随者
- "多款式、小批量"，帮助ZARA实现了经济规模的突破

ZARA

ZARA 的商业模式

亿欧元。许多服装公司虽然想模仿 ZARA 公司的模式，可是却无法进行巨额投资建造生产基地。

ZARA 公司在法国、德国、意大利、西班牙等欧盟国家多以卡车运送产品，平均 48 小时即可将新品运达连锁店，在这些地区的产品销售量占总销售量的 70%。此外，ZARA 公司选择以空运的方式将产品送到日本、美国、东欧等较远的国家和地区进行销售。

信息技术贯穿经营体系

ZARA 的门店经理可直接用掌上电脑查看最新款服装，并根据顾客的需求下单订购。这种信息传递方式，减少了供应链中存在的牛鞭效应。各个门店可以通过互联网，直接向总部产品中心报告销售数据和顾客的需求偏好。设计师们再对这些信息进行评估，据此设计新款服装，并直接发送给工厂进行生产。

为了增强了市场反应速度，互联网信息技术在 ZARA 公司的业务运营技术中处于中心地位。首先，实时将销售数据录入数据库，设计师可以根据数据库中的信息，开发新产品或优化已有产品；其次，将信息进行标准化管理，缩短传统零售商产品设计和审批流程的时间；再次，通过信息技术对库存进行管理，使企业可以随时掌握库存信息，即时对库存进行管理；最后，分拣装置每小时可分拣超过 60000 件服装，自动化的配送设施能够确保每一笔订单内的货物到达正确的目的地。

独特的连锁经营模式

ZARA 公司只通过开设专卖店进行零售，专卖店便成了 ZARA 公司的窗口与眼睛。专卖店每周根据销售情况可下单两次，这就减少了打折清仓的概率，也降低了库存成本。款式的快速更新增加了消费者的新鲜感，吸引消费者不断重复光顾。"款少量多"是传统制造业的天条，而在"长尾市场"中，"款多量小"却成为当红的商业模式。ZARA 公司以其创新的商业模式，创造了"长尾市场"中的新样板。

基于市场的定价策略

通常情况下，ZARA 服装在北欧市场的定价比西班牙市场高 40%，比欧洲其他市场高 10%，比美洲市场高 70%，比日本市场高 100%。在西班牙以外的市场，制定较高的价格，意味着 ZARA 公司在海外市场的品牌定位不同。在西班牙，ZARA 服装的定价标准是，使 80% 的居民有能力支付。而在墨西哥，由于文化、经济等原因，ZARA 公司将目标客户定位于中高端客户。不同市场的目标客户群不同，制定的市场价格自然不同。定价的高低，会影响专卖店的销售量和 ZARA 公司的整体品牌形象。例如，在南美洲，ZARA 公司致力于塑造高端品牌的形象，并强调欧洲制造。

ZARA 公司以垂直一体化为核心的供应链运作模式的成功，为国内广大服装企业提供了可借鉴的案例。实行一体化策略，缩短产品制造周期；以小批量多品种方式进行制造，避免同质化；采用信息技术，快速响应市场需求，提升市场竞争力。**虽然 ZARA 公司的商业模式为其他企业提供了很好的借鉴样本，但是广大企业需要有选择地吸收运用，不能盲目模仿，要根据自身的资源状况和能力水平，创造属于自己的商业模式。**

万得资讯公司依靠数据产生巨大收益

万得资讯公司是一家金融数据及其分析工具服务商，其总部位于上海市陆家嘴金融中心。在国内市场，万得资讯公司的客户包括超过 90%的中国证券公司、基金管理公司、保险公司、银行和投资公司等金融企业；在国际市场，被中国证监会批准的合格境外机构投资者中，75% 的机构都是万得资讯公司的客户。同时，国内大多数知名的金融学术研究机构和权威的监管机构，也是万得资讯公司的客户。大量中英文媒体、研究报告、学术论文等，也经常引用万得资讯公司提供的数据。

明确目标客户群体

20 世纪 90 年代的中国，金融资本尚处在不发达的阶段，投资者获取第一手资讯的途径有限。正是在这一历史背景之下，万得资讯公司的创始人陆风想到，如果能用一个软件收集上市公司的资料，再进行销售，肯定会有巨大的市场。于是，他便租了两台老式电脑在宿舍里埋头苦干起来。之后的八年里，他都在向证券公司的营业厅出售那些含有上市公司基本资料的软件，一套软件最高能够卖到好几万元。

市场竞争的加剧，很快就为陆风的软件销售生意带来了问题。一方面，行业门槛不高；另一方面，竞争对手的增多，引发了行业内的价格战，产品利润极低。但最重要的问题，在于其自身与证券公司之间的地位失衡。证券公司需要什么，陆风就得让人做什么，他感到证券公司其实在把自己当作工人驱使。做到后期，公司员工越来越多，但是公司地位越来越低，且盈利也越来越少。

基于需求打造产品

金融市场足够大，机会也足够多，但是产品很关键。终于，在 2002 年，陆风决定把所有面向证券公司的服务项目全部停止，集中全公司的力量去开发新的产品——万得金融客户端。

这一举措其实是受到了美国金融巨头迈克尔·布隆伯格的启发。1981 年，布隆伯格创立的所罗门兄弟公司被收购，且布隆伯格本人因内部矛盾突遭解雇，仅得到 1000 万美元的遣散费。失业后的布隆伯格仔细研究了当时的金融市场，认为市场上缺少对有用证券信息进行选择、分析的工具。于是，他用遣散费创建了一家证券信息资讯公司。1982 年，他迎来第一个大客户——美林证券公司。美林证券公司同意入股 30%，资助他成立彭博信息公司。通过向金融机构售卖一种叫作彭博终端机的产品，该公司仅用了 15 年就成了金融信息服务业的巨头。

陆风曾经带领团队在 20 世纪 90 年代末期，赴美国考察、学习彭博公司的经验。终于在 2003 年，陆风以布隆伯格的传记为依据，开始模仿彭博公司，进行万得金融客户端的研发。不过，明显的不同之处为，彭博终端机内部配置了与苹果电脑差不多的硬件，而万得金融客户端只是一个大小为 25MB 左右的专业客户端软件。客户只需要在官网付费下载，便可使用。该软件一年的服务费用，为几万元到十几万元不等。

打造企业核心竞争力

一个小小的客户端软件凭什么能够卖到这么高的价格？其实，真正值钱的，不是软件本身，而是软件背后的金融数据。金融市场瞬息万变，无论是金融机构的交易员还是分析师，都需要根据海量的金融数据来进行自己的判断和决策。

2006 年，对于万得资讯公司而言，是一个重要的时间点。在这之前，国内证券交易所提供的信息是免费的，但是从 2006 年的下半年起，上海证券交易所推出了行情信息收费业务。由此，万得资讯公司得到一个巨大的机会。经过万得资讯公司处理的数据信息更符合金融工作人员的使用习惯，而且，万得金融客户端统一由公司购买即可，金融机构的工作人员自然更愿意使用万得金融客户端。

如何把万得金融客户端做大，从而赚取更多的利润？陆风认为，若要实现这一目标，需要打造三个方面核心竞争力。

第一，产品体验需要优于竞争对手。针对产品体验的提升，万得公司采用"小步快跑"的策略。初期，万得金融客户端整体比较粗糙，公司策略是先推出产品，再根据用户免费试用后的反馈意见，逐步将产品进行改进，而这也成为万得资讯公司提升产品体验的一个标准流程。起初，万得金融客户端平均每周就会进行一次小规模升级，在一年内大概会进行四次较大规模的升级。这种策略也让万得资讯公司把握住了时机，由于最早涉猎金融数据服务领域，在2005年中国金融市场爆炸式发展之后，万得资讯公司的产品体系已经非常成熟，顺势拉开了其与竞争对手的距离。

第二，将信息加工成本降到最低。在信息加工的成本控制这一方面，万得公司主要采取的举措为，招聘兼职大学生进行信息加工，大大降低了工资成本。早期，万得资讯公司在免费获得信息后，招聘大学生进行数据整理加工。随着企业规模的慢慢扩大和获取信息成本的大大提高，万得资讯公司开始组建专门加工信息的团队。公司甚至把这个部门搬到了南京，因为那里相较于上海，有大量便宜的大学生劳动力资源，万得资讯公司的客户大多是金融精英，他们不会想到，这些金融数据的背后竟是众多大学生的努力。在信息成本与工资成本基本稳定的情况下，购买产品的客户越多，万得资讯公司的利润也就越高。

第三，建立特色的销售体系。万得金融客户端的定价很高，但是公司规定每年仍要提价10%。这种自信一方面得益于其良好的产品体验，另一方面归功于其特色的销售体系。万得资讯公司一般寻找年轻漂亮的女性作为销售人员，这些员工只要经过万得销售体系的培训，就能快速走上工作岗位，并取得优异的销售业绩。

大数据
搜集 ⇒ 大数据
分析 ⇒ 大数据
应用

大数据技术的应用过程

"数据＋模式"产生巨大价值

2017 年，一份股权转让公告为我们揭开了万得资讯公司的神秘面纱。转让公告显示，万得资讯公司 2016 年营业收入达 13.3 亿元，而净利润率高达 62%。2016 年度净利润率超过万得公司的上市公司只有 24 家，在全部上市公司中的占比不足 1%。换言之，万得公司的净利润率超过了 99% 的 A 股上市公司。根据此次挂牌转让公告，截至上 2015 年年底，万得公司净资产为 35.97 亿元，而评估机构给出的评估值高达 196 亿元，增值超过 4 倍。

东方财富、同花顺、大智慧等几家公司的总市值分别为 540 亿元、270 亿元、96.8 亿元。对于东方财富公司来说，主要业务收入并不是来自其旗下与万得公司存在竞争关系的 choice 数据，而是基金销售和东方财富证券。同花顺公司虽然也有基金销售和金融终端数据服务业务，但主要收入来源是股票软件。大智慧公司和同花顺公司类似，其主营业务同样为股票交易软件。

虽然万得公司和上述几家金融信息 A 股公司存在业务上的竞争和重合，但其主打万得金融客户端依然具有很强的市场竞争力，使其整体评估价值不逊于上述三家 A 股公司。

时至今日，在金融财经数据领域，万得资讯公司已在国内建成了以金融证券数据为核心的一流大型金融工程和财经数据仓库，其数据内容涵盖股票、基金、债券、外汇、保险、期货、金融衍生品、现货交易、宏观经济、财经新闻等领域，以海量的数据和即时的更新满足机构投资者的需求。针对金融行业的投资机构、研究机构、学术机构、监管机构等不同类型客户的需求，万得资讯公司开发了一系列围绕信息检索、数据提取与分析、投资组合管理应用等领域的专业分析软件与应用工具。通过这些终端工具，用户可以实时获取即时、准确、完整的财经数据、信息和各种分析结果。精于数据，以数据为起点，万得资讯公司紧密地跟随金融市场的发展脚步，不断向新的领域进行突破，利用新的产品和服务战略持续拓展市场。

第十八章

B2B 交易模式，重塑传统产业

餐饮食材交易平台如何做到 5 年交易额达 80 亿元

在当今互联网时代，互联网大潮带来的思维理念，已渗透到了人们生活的方方面面，一步步影响着我们的生活。2014 年，通赢优采餐饮食材采购平台成立，将餐饮饭店传统的采购模式从线下搬到了线上，力图让中国传统餐饮饭店的食材采购更加便利、省时。经过短短五年的时间，从零起步的通赢优采平台已经实现 80 亿元的交易额，成为餐饮食材采购行业的一匹黑马。

千亿市场，巨大成长空间

中国餐饮业市场巨大，涵盖传统正餐类、小吃类、休闲餐饮类等食品类型。中国餐饮市场份额最大的众多中小微型餐饮企业随人群分布，凡是人群聚集之处必有餐厅。中国餐饮食材年营收额超过 3 万亿元，食材采购规模达 9000 亿元，且近几年一直保持 10% 的增速。然而，餐饮企业在发展过程中一直面对着一个难题，即中间渠道链接太长，传统批发销售模式损耗太多、效率低下，餐饮供应链领域迫切期盼着一家能够解决这些问题的平台出现。

笔者为这家初创企业进行了商业模式设计，启动了通赢优采平台的构建，正式将其定位为"打造集餐饮原材料销售、采购于一体的电子商务平台"，确立了"致力于成为中国餐饮酒店采购最具影响力的平台，为用户提供便捷、高效、安全、省心的服务"的愿景和使命，明确了"正念、利他、合作、共赢"的企业理念。

精准定位客户，构建平台解决客户需求

随着房租、员工工资、食材采购这三大成本的持续提升，餐馆的盈利压力不断增大。在以上三大成本中，房租和员工工资是不可控的，每年都有不同程度的提升。唯有食材成本，随着采购量的增大，会出现下降。但是，对于小型餐馆而言，规模化采购是不现实的。

国内餐饮企业的传统采购方式由于流通环节多、行业分散、交易效率低等原因，存在不规范、不专业、不透明等问题，这让企业浪费了大量的人力、物力、财力。研究表明，餐饮业物料采购成本占总成本的35% ～ 40%。目前，餐饮企业加大了对控制供应链成本的关注力度。

大型的连锁餐饮企业，如麦当劳、肯德基、海底捞等，有着强大的品牌影响力和标准化的运营体系，并且有专设的采购部门对海量的优质产品资源进行筛选，可以实现最低成本的原材料采购。

但是，大部分小型餐馆的原料采购是由老板亲自负责。采购方式费心、费时、费力，但采购成本较高，选择空间有限。个体商户在交易中的议价能力很低，且市场食材价格存在不透明的现象。因此，长期以来，食材采购都是中小餐馆的痛点。

哪里有麻烦，哪里有问题，哪里便有巨大的市场。因此，通赢优采平台将目标客户定位在小而散的餐馆。建立餐饮食材采购供应链平台，帮助中小型餐馆解决上、下游信息不对称，中间渠道链接长，产品中间滞留时间长、损耗多，以及单个终端餐饮店单批次采购数量有限，个体商户议价能力低等问题。

打通餐饮食材供应链，提升餐饮食材产业价值

对于上游供应商而言，食材供应过程亦存在诸多难题，如渠道代理体系层级多、建设周期长、建设成本高，商家对终端数据掌握力度弱，客户分散导致物流成本高，等等。

因此，通赢优采平台将上游供应商与下游餐馆进行对接，帮助上游供应商接收更多订单、剔除中间环节、减少资金压力；帮助下游餐馆降低成本，订购到价格低廉、品质好的产品，并及时供货，减小其库存压力。

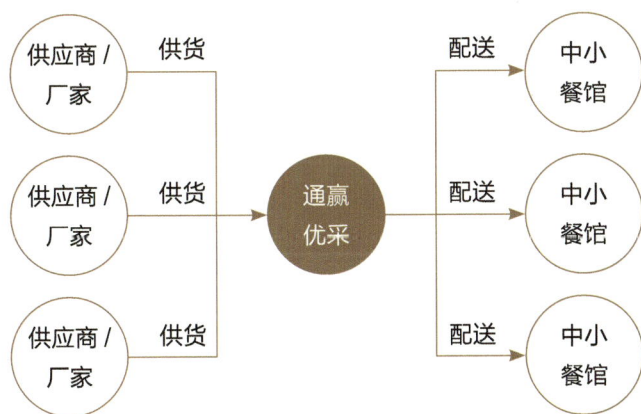

通赢优采的交易平台

通赢优采定义的平台交易模式，为餐饮企业提供了更加便捷、透明、安全的一站式综合服务。企业建立起一支包括了餐饮市场专家、企业管理专家及资深的系统开发人员的队伍，利用互联网平台帮助全国中小餐馆的传统采购模式进行转型升级，让更多餐饮企业在通赢优采平台的帮助下，更好地生存并得到最大化的价值提升。

整合区域经销商，开创 F2B2C 模式，从线上到线下实现平台价值

通赢优采如何实现快速规模扩张与快速流量导入？通赢优采和其他平台不同，并非运用"烧钱"模式，进行自营采购、分拣和配送，而是采用轻资产运营，为买方和卖方提供交易平台，并整合各区域食材经销商，让他们成为当地的服务商和配送商。这些区域经销商大多具备 5 ~ 10 年的食材批发销售经验，有着稳定的客户渠道，成熟的仓储及配送体系，非常容易进行终端渗透。

那么，区域食材经销商为什么愿意被通赢优采平台整合？这需要从区域食材经销商的痛点进行分析。在每个地方市场，食材批发交易竞争十分激烈，而经销商大多为个体商户，缺乏成熟的规范经营体系，发展空间较小。通赢优采开发的互联网交易平台，可以为区域经销商提供方便的服务，帮助他们规范化管理终端，并派出大量的推广团队，帮助当地区域经销商拓展终端餐馆资源，提升交易额。通赢优采只从增量销售产生的利润中收取一小部分，将大部分留给区域经销商。其他交易平台总是力图取代传统的食材经销商，而通赢优采平台恰恰相反，不但没有意图将其替代，反而帮助区域经销商做大做强。

由此，**构成了 F2B2C 模式，即将厂家、经销商、消费者的链接打通，实现平台为各类商家赋能的模式**。在这种模式下，大量的区域经销商非常愿意和通赢优采平台结成战略联盟。经销商负责仓储、配送、服务，而通赢优采平台负责平台运营、食材资源整合、销售拓展。

通赢优采平台链接各地区食材行业厂家及一级食材供应商，通过线上食材销售功能帮助他们大量拓展终端餐饮酒店资源，并为他们提供销售渠道优化的供应链。同时，通过互联网思维来提升整个行业的效率与

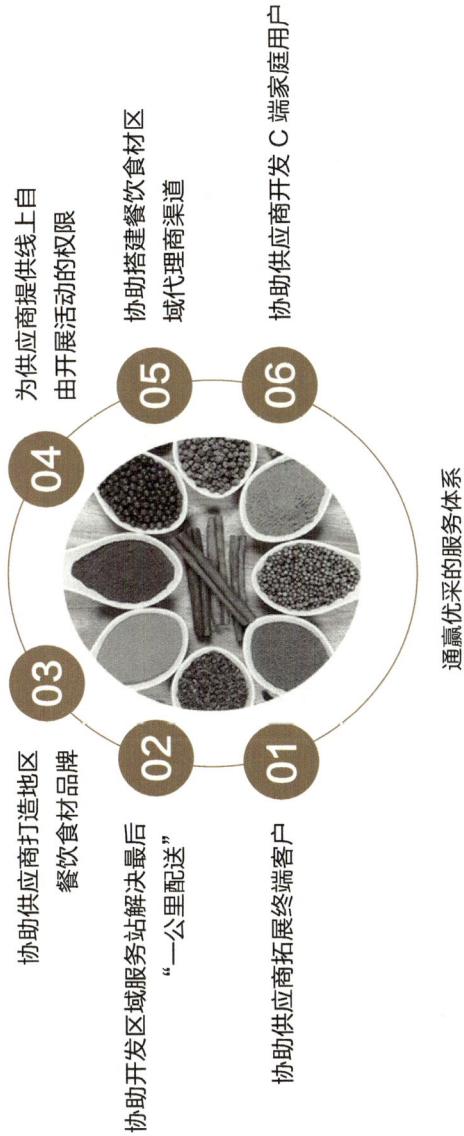

04 为供应商提供线上自由开展活动的权限

05 协助搭建餐饮食材区域代理商渠道

06 协助供应商开发 C 端家庭用户

03 协助供应商打造地区餐饮食材品牌

02 协助开发区域服务站解决最后"一公里配送"

01 协助供应商拓展终端客户

通赢优采的服务体系

效益。

从线下到线上，通赢优采平台帮助供应商实现了资金快速周转，解决了其行业原有的账期押款问题。它们为供应商背书，让餐饮酒店能够放心地现款提货，从而使供应商们的资金周转情况得到改善。同时，平台会帮助供应商拓展更多的餐饮酒店终端资源，促进其商品的销售。

通赢优采平台为供应商提供了更好的线上营销平台及线下配套服务，让他们专注于餐饮渠道销售。同时，加快服务站落地，更高效地帮供应商实现了产品增量。并且，针对未来要布局消费端家庭用户，通过"最后一公里"服务站直接为其提供服务，帮助供应商获得更多利润，进一步增强供应商对平台的忠诚度。

对于餐饮企业而言，通赢优采平台帮助他们缩短了中间渠道，减少了层层加价的问题。信息数据公正透明，食材价格一目了然，餐饮企业对食材供应商有了更大的选择余地，其议价能力自然提升了，使从前的渠道成本变成了渠道红利。

目前，通过通赢优采平台进行交易的用户，交易时间成本平均降低了80%以上，餐饮企业的采购成本降低了10%～30%，销售企业的平均利润提升超过了5%。通赢优采平台在真正意义上提升了餐饮企业的采购效率，使它们获得了更多的优惠。同时，让餐饮企业、食材供应商、经销商一起获利，实现了真正的多赢。

介于自营和撮合之间的平台模式，实现快速扩张

为了减少供应链流通环节，通赢优采平台未来会投资建设仓储中心和冷链物流基地，以城市合伙人模式，建设物流合伙人网络体系。仓储中心和冷链物流基地，将实现对物流配送的统一管理，安排专线专人进行配送，在将商品高效快捷送达的同时，更好地提升整体服务意识和服

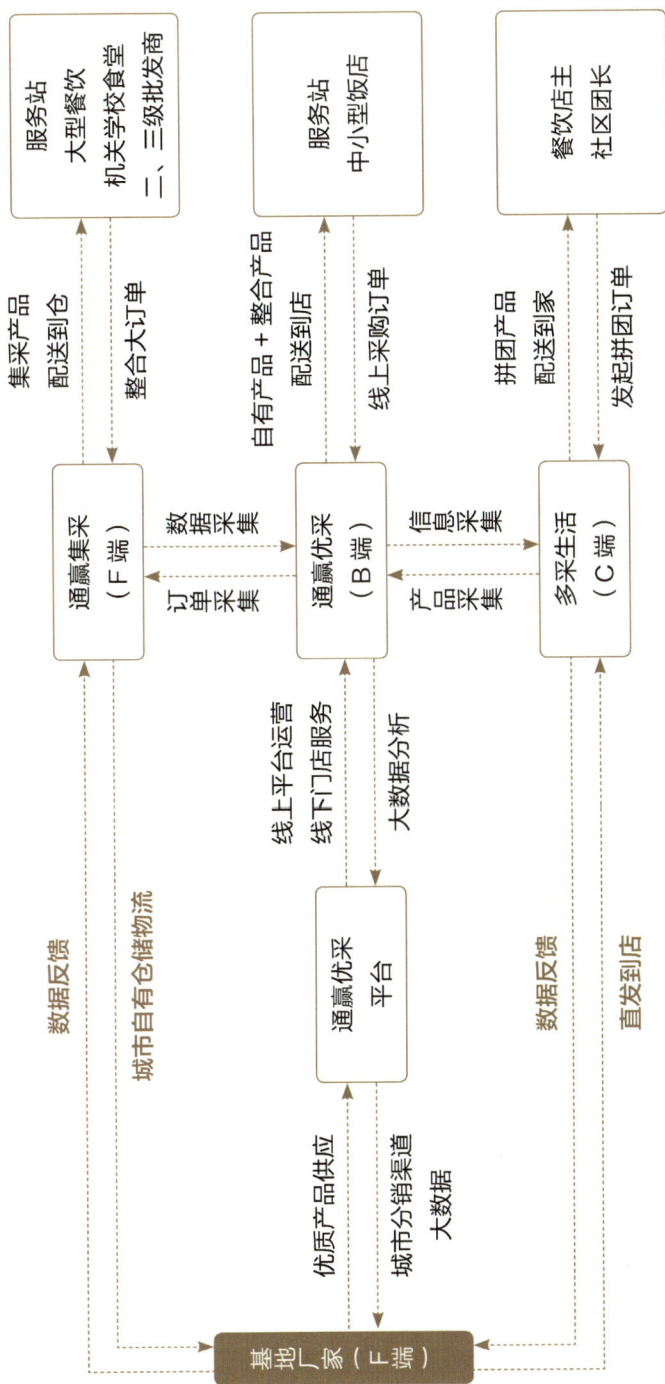

通赢优采的商业模式

务水平。

通赢优采平台采用的介于自营和撮合之间的平台模式，获得了市场的积极反馈。截至目前，通赢优采平台已实现覆盖全国 18 个省，全国合作供应商多达 10000 家，运营城市超过 260 家，遍布华北、东北、华中、西北等多个区域。平台实行实名邀请注册制，注册饭店用户多达 60 万家，且用户质量较高，其中 7 天内复购 4 次以上的活跃用户达 70%，7 天内复购 7 次的用户达 40% ~ 45%，日均交易流水峰值超过千万元，平台整体交易额超过 80 亿元。

通赢优采平台的利润来源并非传统模式中的产品差价，而是平台服务佣金。这种模式使通赢优采平台在保持低利润的基础上，能够快速实现平台扩张。

同时，通赢优采平台除了服务于中小餐馆，还服务于机关、学校、大企业食堂等，帮助这些大型机构提升食材品质、优化采购效率、降低采购成本。通赢优采平台还在餐饮店店主的努力下打通了社区团购食材的渠道，将基地厂家产品直接供应到各个家庭。

目前，通赢优采平台通过国家"一带一路"建设，成功进入了马来西亚等东南亚国家，积极开拓着海外市场。

2019 年，通赢优采平台获得了数千万元的 Pre-A 轮投资。获得投资后，通赢优采平台力图加快食材行业信息流转、实现食材行业价格透明、降低食材行业成本、提高食材行业效率，为大众获得健康饮食不断做出贡献。

传统钢贸行业如何构建市值超百亿元的 B2B 交易平台

伴随着中国经济的调整升级，中国钢铁贸易行业由"黄金发展期"

进入了"稳定调整期"，采用"低进高出""囤货待涨"的钢材经营模式的传统企业越来越难以生存。而找钢网的出现，让传统钢贸商看到了希望。

找钢网于 2012 年由创始人王东成立。经过近八年的发展，找钢网创造了近千亿元的交易额，其估值更是高达 170 亿元。2017 年 7 月 4 日，找钢网引入战略性新股东"中俄投资基金"，这是国家主权投资基金第一次进入中国 B2B 行业，标志着找钢网的国际化战略步伐正在迈向新里程。那么，找钢网是如何在"没落的传统行业"中寻找到一条新的出路，从而成为一家超百亿元市值的互联网"B2B 独角兽"的呢？

传统钢铁贸易的痛点

我国是全球最大的粗钢及成品钢生产国、消费国以及出口国，拥有全球独一无二的万亿级中国特色钢铁交易市场。然而，我国的传统钢铁贸易流程，由于其烦琐的结构，存在多个痛点。例如，多层中间商导致的低效，多个分销阶段导致的供求不对称，仓储、物流以及加工服务方面的困难，资信评估不全面导致的融资困境等，诸多痛点阻碍了钢铁行业的健康快速发展。

传统钢材市场中的核心痛点，即为信息流通的不畅。例如，钢材市场大多会印刷介绍各大钢贸批发商产品信息的小册子，很多卖家会把当天可售的库存打印出来，张贴在门口，一些落后地区的小钢贸商会派采购员到那里挨家拍照，再发送给老板，供其选择。改变势在必行，但问题在于钢厂和钢贸商一贯强势，他们习惯了这种层层代理的方式。若要改变，就需用一种先进的方式去改变他们的销售习惯、管理理念等。

2011 年下半年，上海爆发的钢贸危机，让找钢网创始人王东发现了商机。一个几万亿元规模的行业，开始从卖方市场向买方市场转变。于是，王东抓住机遇，在 2012 年 3 月初成立了找钢网。

重构渠道扁平化，解决行业效率痛点

从 2012 年至 2017 年底，与找钢网合作的钢铁厂已经超过了 100 家，平台基本覆盖了中国主流钢厂，其注册用户累计超过 9 万家，服务遍布中国的 290 多座城市。

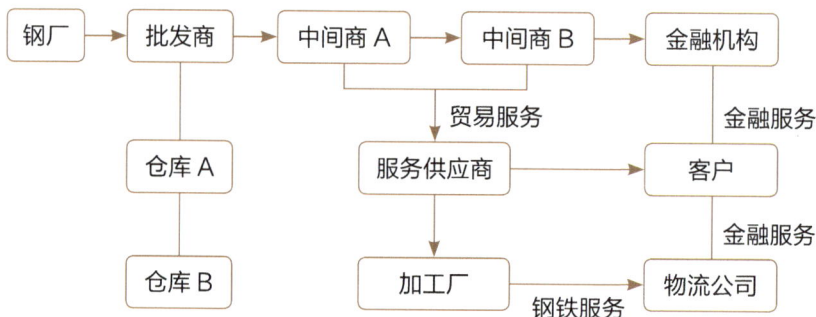

找钢网服务钢铁交易链

让人好奇的是，找钢网如何打破根深蒂固的传统渠道关系，并建立起行业新渠道体系？

第一，找准切入点，撮合交易，抓订单流。

撮合交易的目的，是让找钢网成为订单的入口，流量的入口。只有成为入口，才能逐步整合上游的供应链。所以，找钢网的逻辑是：从撮合交易到自营。

因此，找钢网通过撮合交易迅速成为钢材行业的订单入口电商。其上游是远离终端用户的钢厂，下游是海量却分散的小零售商。

第二，提供高效的交易方式。

在找钢网平台成立之前，传统钢贸供应链中的层级较多，如钢厂、批发商、中间商、服务商、终端用钢企业等。供应链效率因繁复的环节而低下，利润被多级中间商层层盘剥，中小买家没有议价能力，中间商待价囤货的行为还会导致下游无钢可买的尴尬局面。找钢网的目的是打破这种局面，为上、下游提供高效的交易方式。

第三，汇聚订单争取话语权。

从前，小型零售商若想采购钢材，需要自行在网上进行比价或电话咨询，黄页上的信息林林总总，需要耗费大量的人力和时间进行筛选比较。而有了找钢网平台之后，他们只需第一时间把订单交给找钢网平台处理，只要平台处理地更快、更准、更方便，就会有源源不断的客户前来寻求帮助。换言之，找钢网通过提供更好的服务来吸引众多小型零售商的订单，有了订单，就对上游钢厂有了"话语权"。

在供应过剩的环境下，钢厂需要提高销售效率、减少销售成本，因此，迫切地追求渠道扁平化。平台型电商的出现，打破了原有代理商体系，减少了中转交易的次数，从而提高了周转效率。找钢网的出现，不仅"砍掉"了复杂的中间交易环节，还带来了大批量的订单，也帮助钢厂从批发的经营方式转向零售的经营方式，从而优化了钢厂的生产决策。所以，众多钢厂乐于与找钢网平台进行合作。

第四，顺势建立供应链体系。

有了以上的"强关系"基础，B2B 电商自营供应链体系的建立，就是顺势而为了。目前，找钢网不仅有庞大的交易量，还建立起包括加工、仓储、物流、供应链金融、大数据等环节的综合型全产业链服务，以及庞大且不断发展的生态系统，将钢铁贸易行业价值链上的所有参与者联系起来。

找钢网的业务模式，主要围绕平台核心的钢铁贸易业务，连同其在整个价值链中提供的配套服务，为国内钢铁贸易的消费者及供应商，提供了一站式电商解决方案。

以服务为主采用商业逻辑

一方面，找钢网帮助大型钢贸商，把钢材的库存信息从简陋的小册子，转移到资源库，即企业资源计划系统内。

利用 IT 系统展示库存产品，省去了大型钢贸商被反复询问的麻烦，同时还能为找钢网引导流量。找钢网将系统初步搭建好，置入询价、比价等 13 个环节，再把它们模块化、标准化和 IT 化，最终利用系统完成从前需要人工完成的大部分工作。

另一方面，找钢网善用交易员弥补 IT 系统的不足。IT 系统的能力再强，有些工作还是需要专业的人去完成，所以找钢网特别强化了交易员的决策作用。

在找钢网的办公室里，每位交易员桌上都摆着一部电话和两个电脑显示器，一个显示器中打开找钢网的企业资源计划系统，另一个显示器中则打开了无数的 QQ、微信聊天界面。交易员最常见的工作情形，就是一手握着电话与买家沟通采购需求，一手握着鼠标在企业资源计划系统中检索，再将检索结果传送给客户。这就意味着，找钢网交易员的工作可以替代买家从前搜寻目标商品的重复劳动，使大量买家不再需要自行聘请专门的采购员。

找钢网为了尽快优化以交易员为中心的交易系统，集中公司所有的资源，大力进行钢材综合交易效率的提升。所有的技术人员每天都在观察和研究交易员行为。最终经过不断的分析和优化，找钢网将买家以往采购钢材的 13 个环节简化为 3 个环节：提交需求、提交订单、付款。

交易员系统最强调的，就是效率。企业之所以在交易员的办公桌上放置两个电脑显示器，就是为了节约反复切换窗口花费的时间，从而大大提升交易员的工作效率。

为什么交易员的地位在找钢网的整个商业模式当中如此重要?

找钢网做的是面向企业的生意，以存量市场为主。这意味着找钢网不可能像京东、淘宝等面向消费者的平台那样，进行单纯的线上交易，它需要利用交易员说服客户。因此，交易员在找钢网的商业模式当中，处于核心地位。找钢网交易员不但有底薪，还有提成。交易员为了获得更多提成，需要不断地寻找新的客户，同时让老客户持续下单。王东目前将交易员分为五级，交易成绩越好则级别越高。交易员的积极性和忠诚度也因此越来越高，从而形成了良性循环。

找钢网还为小型钢贸商提供一站式服务，先后推出了胖猫物流、胖猫金融等增值业务。

在金融业务上，找钢网白条部门统管贷前走访、客户资料收集及贷后服务。找钢网系统首先自动对每个客户进行动态评估，一旦客户符合白条客户的条件，系统就会自动询问客户是否需要开通白条业务，并安排对应交易员跟进。交易员也会自行识别优质的白条客户，推荐给金融部门，从而得到相应的奖励。

目前，找钢网的盈利来源为：互联网金融、交易差价、交易佣金、配送费、仓库管理费、加工费等。

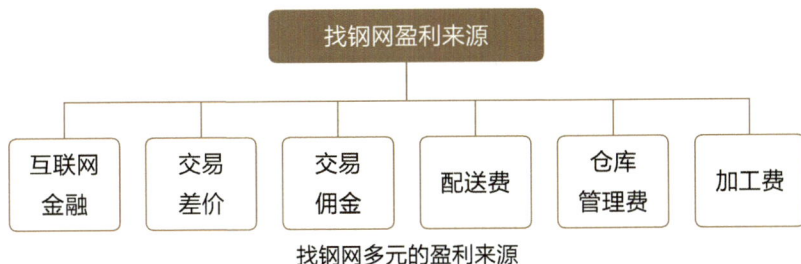

找钢网多元的盈利来源

完成多轮融资，赴港上市却遇挫

早在 2018 年 6 月，找钢网就向香港联合交易所正式递交了招股书，申请赴港上市。然而，与找钢网同期申请首次公开募股的小米、美团等企业，已相继挂牌，但找钢网的上市进程却在 2018 年 12 月被中止。

一方面，上市融资能快速地补充公司的现金流，使企业更快地开展布局；另一方面，找钢网已完成了六轮融资，从 2011 年到 2018 年，已经过去七年之久，其资本急需通过上市来变现。但找钢网为何最终上市失败？

若平台过度依赖供应商，上市就存在风险。找钢网非常依赖上游供应商，需要向供应商采购大部分钢铁产品。如果找钢网不能持续从现有供应商处采购到足够的钢铁产品，或者找到合适的新供应商，公司的业务就会受到极大的影响。许多影响利润的因素，找钢网还无法掌控，且随着公司业务的进一步拓展，公司未来可能会出现亏损。另外，在钢铁贸易行业，库存风险极大，钢铁行情一旦趋紧，将会有一大批钢贸企业破产，这会对找钢网交易链条产生极大的负面影响。

总之，找钢网代表着中国钢铁电商的发展，未来会努力朝着改变传统钢贸秩序、建立新交易机制的方向前进，这将会对钢铁资源的优化配置起到正面作用，也有助于提高钢铁行业效益，推动各钢铁企业的转型升级，帮助它们降低成本，提高利润。在今后的发展中，以找钢网为代表的钢铁电商的作用将会越来越大，传统钢铁企业和电商的合作将会是钢贸行业的必要选择。但面对日益恶劣的内、外部环境，钢铁电商需要不断提高服务品质，创新商业模式，提升运营效率。只有进一步提高品牌知名度、用户信任度及用户体验度，企业才能在激烈的竞争中立于不败之地。

一个百亿级 B2B 跨境电商的打造之路

敦煌网在刚刚成立时，与阿里巴巴一样，定位为 B2B 电子商务服务平台，计划将国内生产的产品通过互联网平台销售到海外去。但是，由于阿里巴巴等大型网站的竞争，敦煌网很难获得与大客户交易的机会。于是，敦煌网为了避免与阿里巴巴、环球资源、环球市场等大型网站竞争大中型客户市场，转而着重为数量巨大、分布广泛的中小销售商提供服务，成了中小商家的快速外贸销售平台。

精准的目标客户定位

帮助大型生产商和品牌商对接大型零售商的平台服务，极易被"短路"。大型商家很有可能甩开平台，直接进行线下交易。且交易体量越大，商家越不需要中间平台，买卖双方直接议价，使平台最终变为大型企业之间的"空气"。

直达终端的 B2C 跨境贸易模式，极易冲击贸易国家和地区的中小零售产业，因此在发展过程中极易面临较大的阻力。而面向境外中小商家的 B2B 模式则没有这方面的阻碍。而且，世界贸易的趋势是"双边离散"，即小批量、多品种与个性化。选择这种模式，可以让海外国家和地区的中小零售商成为平台的合作伙伴。于是，敦煌网走上了一条"成人达己，共生共赢"的路。

在敦煌网能找到许多无法规模化生产的定制产品，另外，国内定制类产品与海外终端销售产品存在巨大的差价，从而使得海外买家对敦煌网平台产生了强烈的需求。敦煌网的基本定位是打造"网上丝绸之路"，平台目标客户为欧美中小型采购商、中国众多中小型供应商。这些客户大多不愿意负担"搜索竞价排名"之类的费用，不愿意被中间商"剥削"，且无法支付传统电子商务巨头的高额年费，在日常交易中采购额小，且货品周转很快，每月甚至每周都需要进货。

打造交易平台，采用动态佣金模式

敦煌网的佣金费用通常是交易额的 3% ~ 12%，其佣金收取的比例，会根据行业、交易额的不同有所变化。交易额越大，佣金占交易额的比例越低，因此成熟行业的佣金比例低，新兴行业的佣金比例高。

此外，敦煌网在注册、验证、开店铺、上产品和交易等环节都不收取费用，只通过"敦煌一站通"服务收取服务费。

"敦煌一站通"是敦煌网为中小企业提供的全方位电商商务运营服务，包含一对一客户经理、急速询盘处理、买家深度挖掘、海外物流知识培训、海外热销分析等服务项目。

从客户需求出发，打造特色服务体系

敦煌网采取诸多举措，打造出有自身特色的服务体系，更好地满足了客户的需求。

第一，替客户拼单、砍价。敦煌网在物流配送环节，主动帮助不同客户进行货物拼箱集装，为客户减少物流成本。敦煌网还会将客户的大量需求汇总，再与物流供应商谈判，寻求折扣，帮助客户节省物流成本。

第二，利用第三方支付凭条，保证货款安全、及时、高效。敦煌网通过与支付机构合作，为买家提供众多国家的银行转账服务。买家只需通过电子银行向指定账户汇款，即可完成付款，同时可省去跨国转账的手续费。敦煌网与国外著名支付机构保持着长期合作关系，如Moneybookers、Worldpay 等。在支付安全性方面，敦煌网通过技术手段不断优化网络及代码，保证了网站传递支付信息的安全性。

第三，采用海外直发的物流模式。敦煌网的主要客户为中小商户，贸易额一般较小。由于国际运输的长途性和复杂性，物流费用甚至会超出产品本身的价值。对采购商而言，成本会比在其国内采购增加许多。敦煌网在对买家进行长期服务跟踪后发现，影响买家购买行为的主要因素为产品质量、物流时间和商家服务。为了缩短物流时间，敦煌网还推出了针对海外市场的直发服务，通过整合跨境物流、海外仓储，使产品能够从海外直发，将原先 7 ～ 14 天的物流时间压缩到 2 ～ 4 天，极大地优化了买家的购买体验。

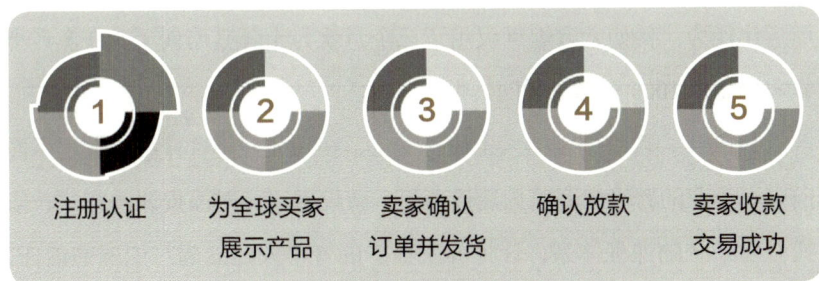

敦煌网的交易流程

第四，采用第三方担保模式。敦煌网会参与到交易过程中，对交易的全过程进行监督，在买卖双方出现纠纷时，出面进行调解。敦煌网在提供展示平台和推广服务的基础上，还增加了信用担保和订单流程监督服务。敦煌网以交易服务为核心，提供了整合信息服务、支付服务和物流服务等全程交易服务。

打造新优势——数字丝绸之路

敦煌网凭借从交易成功的订单中收取佣金的盈利模式，打破了传统电子商务的会员收费模式，降低了企业风险，节省了企业的不必要开支。如今，敦煌网已联合中国 2000 多个产业带中的 190 万个供应商，为全球

222 个国家和地区的 1900 万个中小零售商提供在线交易服务。敦煌网在品牌、技术、运营、用户四个维度上，建立了竞争者难以复制的优势。

随着大数据时代的到来，敦煌网积极拥抱时代变革，重塑自己业务优势，打造了敦煌网数据贸易中心。目前，敦煌网已经在美国、俄罗斯、澳大利亚、西班牙等国家建成了 7 个数字贸易中心，并且正在中东等地区推进新的数字贸易中心的建设。在数字贸易中心，海外地区的批发商可现场检查样品，在线上下单后，于线下提货并享受相应售后服务。

依托数字贸易中心，敦煌网提供完整的电商培训服务，构建跨境电商孵化能力。例如，敦煌网仅用了三个月就为土耳其培训了 500 多名小微零售商和 1000 多名创业的大学毕业生。

2013 年，敦煌网创始人王树彤女士，在亚太经济合作组织发起了面向中小企业的跨境电商能力建设项目。敦煌网以面对面授课的方式，依托专业系统的课程体系，让世界上更多的青年人建立起对中国的信任，并帮助他们开拓人生的无限可能。

敦煌网还建立了数字化应用场景。

一方面，敦煌网利用大数据技术挖掘大量"零结果搜索词"的价值。比如，若美国近期流行紫色假发，便会有众多假发店搜索关键词"紫色假发"，如果没有中国生产厂商发布相关信息，那么网页就显示"零结果"。敦煌网基于大数据库分析，了解到海外买家对"紫色假发"的需求，其品类管理部门就会主动引导中国供应商设计并生产这种假发。敦煌网以往的经验证明，利润最丰厚的订单，往往就是这些基于"零结果搜索词"产生的订单。

另一方面，敦煌网设立了成熟的风险防控机制。敦煌网每日都会将大量数据汇总，基于风控数据模块，可以评估每一笔订单背后的风险状况。比如，通常情况下，产生一笔价值一万欧元的订单，一个注册超过两个月的法国买家需要浏览 500 小时以上，但如果一个注册仅两天的法国买家，在浏览两小时后，就下了一笔价值一万欧元的订单，那么敦煌网的风控大数据系统就会自动报警，提醒中国卖家防范风险，并深度监控这笔交易。这是一个基于大数据积累技术的领先行业水平的风控体系。

敦煌网是中国中小型 B2B 海外电子商务的开拓者，其佣金盈利模式突破了传统电子商务的会员费模式的局限，降低了企业风险，节省了企业开支。目前，已经有众多网站，如联畅网、贝通网等，开始借鉴敦煌网的经营模式。这些跨境电商的迅猛发展，成为中国中小企业的发展新动力，打造了驱动发展的新动能，推动着传统产业的转型和升级。

第十九章

打造新经营体，重构利益关系

途虎养车在红海里找到出路

最近几年，越来越多的竞争者不断涌入汽车"后市场"，在一波又一波的进入者折戟沉沙之时，途虎养车平台却在红海里找到了一条创新之路。成立于 2011 年的途虎养车平台，最早以轮胎业务切入汽车"后市场"，如今已经完成了完善的产业链布局，为用户提供线上销售、仓储物流以及线下维修等全方面服务，并实现了缩短经销流程，降低产品和服务价格。途虎养车平台已经进入我国 400 多个城市，与超过 13000 家门店和超过 1000 家工场店进行合作，还与国际知名品牌 3M、ATE、邓禄普轮胎等达成了战略合作。同时，途虎养车还在北京、上海、广州等 10 个核心城市建设了仓储物流系统，为广大车主提供轮胎购买、汽车保养等服务。

找准市场切入口，生态化战略布局

中国目前具有 2.5 亿辆汽车的保有量，这背后是巨大的汽车保养和维修市场。虽然规模巨大，但因起步较晚以及从业者专业度较低等原因，中国传统汽车"后市场"的经营存在着一系列急需解决的痛点：

第一，行业极度分散。品牌连锁店、专项服务店在二、三线城市还未普及。目前国内汽车"后市场"终端店约 90 万家，却没有龙头企业。

第二，标准规范缺乏。汽车"后市场"行业缺乏统一标准，服务程序无法实现规范化。另外,还表现为,价格制定不公开透明,相关从业人员水平参差不齐。

第三,配件价格虚高。原始设备制造商长期占垄断地位,4S 店产品价格虚高。售后维修市场中,经销商层级过多,导致价格高,假冒伪劣多。

第四,消费习惯落后。国内消费者在维修保养方面缺乏汽车知识和辨识能力,对 4S 店的依赖度很高。并且,大部分消费者对周边维修保养店的服务质量缺少了解。

汽车"后市场"的痛点

业内及业外的很多创业者试图通过互联网来解决汽车"后市场"的行业痛点,想在这场混战中分得一杯羹。途虎养车平台也正是在这样的背景下,进入了汽车"后市场"。通过准确把握市场和用户痛点,对症下药,将传统维修保养服务模式电商化,打造了中国第一家养车类 B2C 电商平台。

途虎养车平台通过服务电商模式切入汽车"后市场",提供维修保养服务。与 4S 店相比，服务价格较低；与修理厂、路边店相比，经营管理更规范，服务态度更佳。因此，将逐渐成为车主首选的服务商。平台的建立，使得车主和维修店之间的信息更透明，车主在选择服务商时也更加具有主动权。同时，缩短了渠道，既降低了价格，又提升了产品质量。

与其他创业者不同，途虎养车平台的创始人没有直奔整个后市场，而是以轮胎为切入点，再进行市场拓展。客户在途虎平台订购轮胎，预约线下服务门店，途虎平台用自家物流提前把轮胎送至门店，客户到店完成安装。这一点也是途虎平台比较聪明的做法，避开了难以标准化的产品和服务，以轮胎这种可标准化的产品及相关服务，提高客户的满意度。途虎平台借用线下店已有的服务能力，在不改变线下店的原有模式的基础上，完成了自身的服务布局。

"自营电商＋线下服务"模式，重构价值体系

途虎平台采用的是"自营电商＋线下服务"模式，从采购、仓储、销售、物流、服务等各个环节进行全面严格把控，既控制了成本，又保障了服务质量。对汽修厂的店面大小、位置及其技工水平等方面进行综合的资质评定之后，将符合要求的汽修厂纳入途虎养车平台的门店列表内。同时，途虎平台通过自建仓储，集中采购并保存汽车配件。车主可通过途虎养车平台进行配件购买，并指定收货门店，到店安装并有选择性地预约保养项目。线上支付后，车主只需要按照预约的时间到店进行配件安装或汽车保养即可，在过程中不需要再次支付任何费用及提供任何材料。

在用户端，途虎平台能够为车主提供一体化的解决方案，其关键要素包括"正品保证、免费安装、价格折扣、便捷付款、实时客服"。最核心的是，途虎平台解决了用户在轮胎需求上的两个最大痛点：过高的正

品轮胎价格以及良莠不齐的服务质量。

在线下服务细节上，消费者除了在线下享受免费安装服务以外，还能享受赠送铝合金气门嘴、无限次免费充氮气等服务体验。这些细节往往能在用户口碑建立、信任感建立的过程中，起到非常重要的作用。

在平台服务能力上，途虎平台在全国范围内拥有 13000 多家合作安装门店和超过 500 家工厂店，服务能力覆盖 31 个省及直辖市，共 405 个城市。同时，在全国 24 座城市，建立了超过 30 个仓储物流中心，总计面积超过 17 万平方米，基本完成了全国重点销售区域的仓储和配送布局。

在最难解决的供应链管理和线下服务点管理问题上，途虎平台依托平台体量，在发展过程中逐渐增加筹码并对产品及服务的性价比提出更高要求。途虎平台在完成战略布局的同时，也形成了新的商业模式，从以轮胎业务为主的"B2C+O2O"自营型电商逐步向后市场产业链延伸。其核心竞争能力也在逐渐凸显，即供应链整合能力。

精细化运营，精准服务客户

途虎养车平台从成立开始，始终坚持着"正品、专业"的经营理念，构建了供应链、线上服务、仓储物流、线下服务及售后服务五大核心体系，并使各体系协同作战，为用户提供价值化的服务体验，不断完善着企业服务能力和市场布局。

在供应链方面，深化自身与上游生产厂商的合作关系，丰富产品品类，降低采购成本，保证正品低价；在线上服务方面，拓展流量入口，智能推荐产品及服务，并配合人工服务，提升服务品质和体验；在仓储物流方面，覆盖全国重点区域，分仓发货，确保产品安全、快速配送，提升服务效果；在线下服务方面，建立覆盖全国多数城市的服务网络，聘请

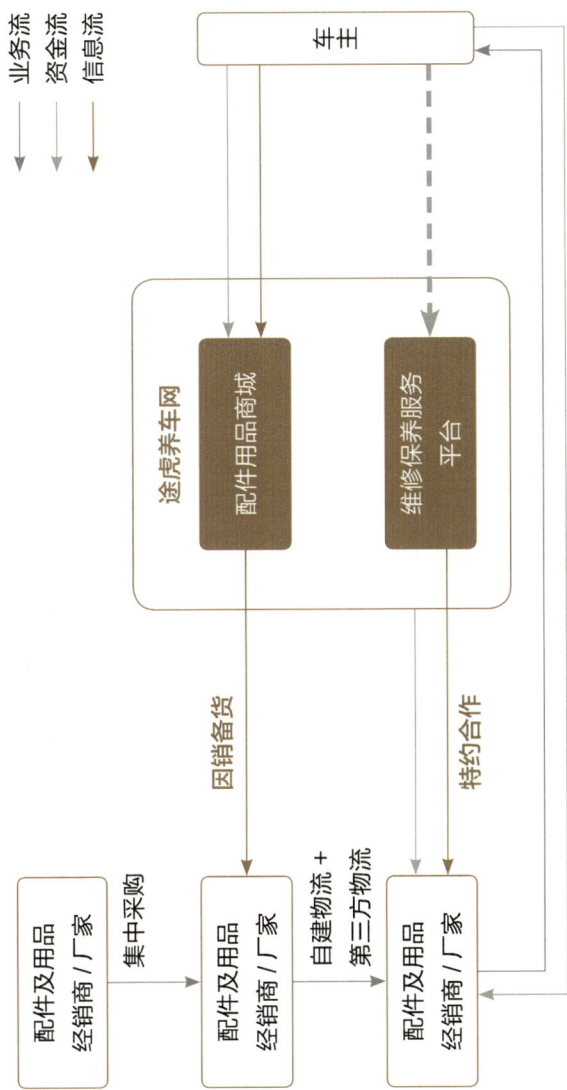

途虎养车的商业模式

基于 LBS、评价体系筛选

专业技师，依照标准化流程，进行高性价比的安装、养护服务；在售后服务方面，打造安全、放心的售后服务，提升客户的消费信心，展现品牌实力与自信。

途虎养车平台数据库包含 17000 种车型数据，可以精准服务各类车主。途虎平台不仅提供全年每日 12 小时的售后服务和 16 小时的售前服务，而且向车主承诺在途虎官方网站及应用程序内购买轮胎，均可获赠免费轮胎保险。若轮胎发生意外，鼓包爆胎，途虎平台将赔付最高 80% 的金额。

途虎在轮胎核心业务的拓展过程中，与其他同类型公司相比，有着比较明显的优势，即依托于轮胎核心产品产生的用户黏性带来的平台价值。用户从轮胎购买经历中累积的信任感，会在购买途虎平台其他产品时延续。依托于平台的用户量，途虎平台在与供应商的合作方面，玩出更多的花样，例如，品牌旗舰店、特卖会、限时团购等。既为商家带来了利润，又为消费者带来了实惠，从而形成了良性循环。

随着互联网及移动互联网的快速发展，用户的消费习惯不断改变，互联网养护渠道的市场渗透率逐渐增大。在汽车"后市场"领域，线上和线下的融合，被认为是最单纯、最简单的商业模式，而途虎养车平台的商业模式，恰好印证了这一点。

盘活区域商业烂尾楼，打造新业态

某县级市商业项目，最初欲建设工业品展览商城，总用地 400 多亩，建筑面积 40 万平方米。一期占地 150 多亩，已完成建筑面积 12.3 万平方米，投资金额达 4 亿元。但是不久后，项目开发企业资金链断裂，导致该项目建筑成了烂尾楼，几经周折，被当地一家房地产开发公司收购。

这家地产公司欲将这个烂尾项目进行盘活，所以对此项目进行整体商业模式创新设计。

作为商贸流通重地，其流通业态缺乏创新业态，亟待转型升级

该市总人口为 170 多万，市区面积达 70 平方公里，位于山东省东南部，是鲁、豫、苏、皖四省交会的经济连接点，历来是山东省东南部门户，有"九省通衢"之称。过去 30 多年，那里一直是商品集散的重要市场，特别是当地的干杂海货市场，享誉国内。但是，近几年来，互联网的冲击与邻近城市飞速发展的商贸流通，导致该市的商贸流通市场逐渐萎缩，发展滞后。

这家房地产公司最初打算将此烂尾项目打造成烟酒糖茶批发市场。因为此前的快消品批发市场在旧城改造之后已不复存在，当地一直没有找到一个适合的场地来承载这个市场。因此，食品批发行业商户分布零散，缺乏规范化管理，且仓储位置不固定，缺乏一体化供应体系，难以形成集群效应，无法进行规模化、集约化发展，这对该市的食品市场发展造成了很大的阻碍。

将此项目打造成快消品批发商城似乎是可行的，但是如何激活该市场？能否为前来入驻的商户赋能，并提升其经营能力，成为该项目成败的关键。如果仅仅是将这些零散的批发商户集合，并不能让这些商户稳健持续地经营，而该商城自然不会获得新生。

抓住市场发展机遇，打造"新零售与供应链管理服务平台"

零售业与国计民生息息相关，在商业形态和流通产业中占据主导地

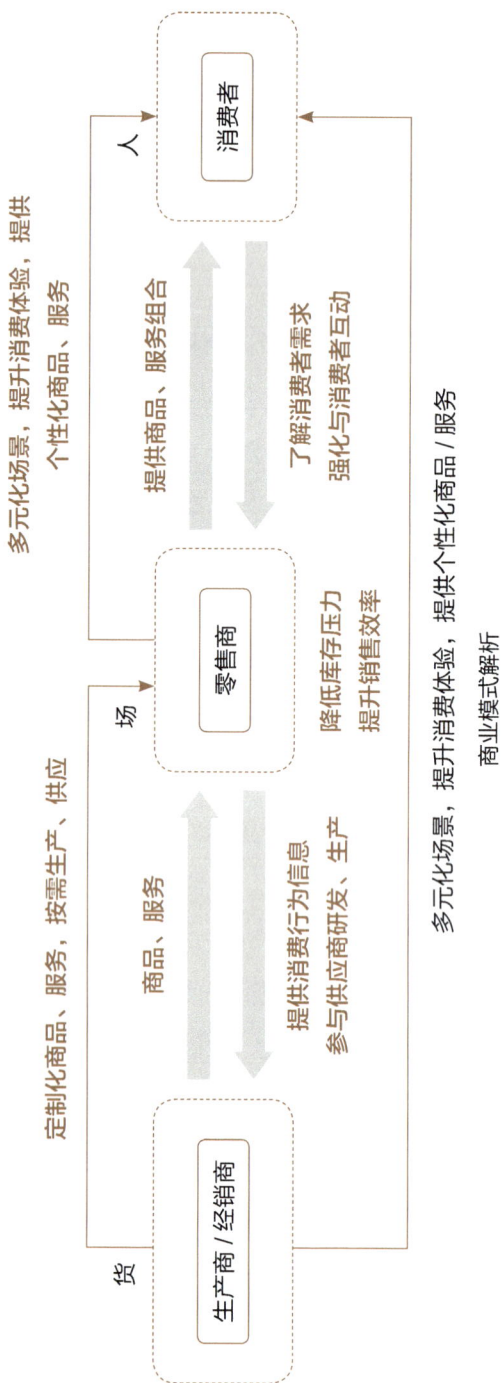

多元化场景，提升消费体验，提供个性化商品/服务

商业模式解析

位，是推动消费转型升级的核心与吸纳就业的重要容器，更是拉动经济增长的主因子。国家统计局数据显示，2018 年全国社会消费品零售总额达到 38 万亿元。由此可见，我国零售市场销售规模巨大。

随着智能终端的普及，以及由此带来的移动支付、大数据、云计算、虚拟现实等现代技术的革新与应用，进一步开拓了线下应用场景和社交型消费方式。同时，技术的发展与应用也促进了零售企业的运营和物流系统的升级，让消费不再受时间和空间制约。

全国居民人均可支配收入持续增长，消费水平不断升级。但是，消费升级对商品与服务提出了更高要求。一场由技术与消费双轮驱动的零售业革命自此开始，线上、线下流量趋于融合，新零售应运而生。

新零售的出现，重构了流通体系，触发了全产业链变革，加快了供应链的运转速度，增强了上、下游的联动性，减少了供需双方的信息不对称性，提升了商品流通效率与服务效率，降低了流通成本，同时促进了消费的转型升级。

此外，新零售对传统零售方式进行变革过程中，加速了商品、服务、资金的流动。而高速流动的商品、服务与资金，促进了供应链金融、消费金融等金融服务需求产生，进一步提高了新零售中商品、服务、资金的流通效率。

基于当地食品商贸流通业的发展现状，及全国零售行业与供应链市场发展机遇，笔者将该项目重新定位为：新零售与供应链管理服务平台。

这家地产公司在当地拥有 40 多个小区，共有 50 万左右的社区居民资源。若将该项目中的快消品批发商与社区居民链接，打造一个连通商户与小区居民的新型零售平台，同时建立快消品供应链管理体系，就能激活社区居民消费，赋能于批发商户。

新模式、新零售：一个商城，两个平台，服务居民，赋能商户

以该商城作为支撑，构建两个平台：新零售平台、供应链管理与金融服务平台。服务于当地居民，赋能于入驻商贸城的商户，从而实现该商贸城的繁荣发展，进一步带动当地经济发展，拉动当地就业。

整合第三方物流配送公司，建立共享物流配送平台，让商城内的几百家商户节省物流成本、提升配送效率。

同时，基于商户资金短缺的现状，还成立了供应链金融平台，为商户提供资金支持，为商户的发展提供资金保障。

构建区域零售新平台，服务当地居民

以商贸城为依托，建立新零售平台；以服务当地社区居民为核心，整合下游社区资源；以仓储采购中心、二次加工中心、自有应用程序、城市配送服务为基础，为居民提供物美价廉的商品和多元化的消费体验。打通"批、供、销"产业链，形成区域零售新业态，并为商贸城快速导入流量，聚集人气，吸引批发商户入驻。

为了完善商贸城的新零售平台，将平台的产品、市场、营销、服务等环节进行了创新，具体表现为：

第一，打造平台精选产品，为当地居民提供物美价廉的产品。

为了快速刺激居民消费，该项目选择以家庭高频消费品为主要产品，即快消品和农产品。通过平台精选，为当地居民提供数量多、价格低、品质优的商品。

此外，平台与当地特色农产品基地直接合作，采用基地直送的方式，

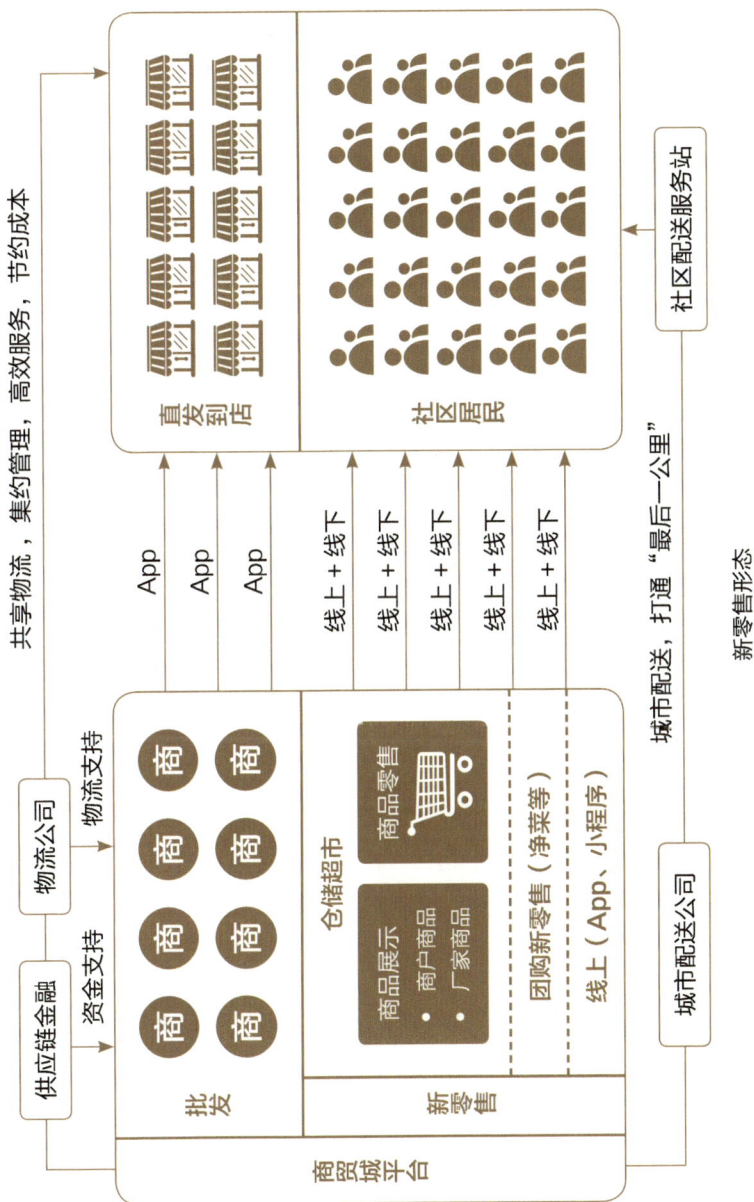

减少中间环节，既能为农民增收，又能为居民提供优质、价廉的产品，同时带动了当地农业经济发展。

批发	供应链	销售
批发商户	新零售平台	社区居民

① 批发商户	① 金融支持	① 新零售（线上、线下）
② 商品展示	② 仓储物流	② 产品溯源
③ 营销赋能	③ 城市配送	③ 社区服务

新零售平台

第二，设立农产品二次加工中心，为当地居民提供净菜产品服务。

设立二次加工中心，对蔬菜进行整理、洗涤、消毒等加工操作。在无菌环境中，将蔬菜洗净，再经真空包装，将产品供给有需求的家庭或食堂，解决部分居民不愿意洗菜、切菜、配菜的问题。

第三，设立快消品与农产品仓储采购中心，为居民提供线下购买渠道。

依托于商贸城，企业规划并建立了 5000 平方米的仓储式采购中心，承载批发和零售环节。规定起售数量门槛，实行会员制，价格对标京东和天猫超市，避免和传统超市产生直接竞争。

第四，线上、线下融合，打造本地零售生态圈。

当地居民通过仓储采购中心、社区物业、批发商城等线下渠道获取零售服务，并享受购买过程中的快乐体验。

同时，企业开发手机客户端和微信小程序，打通线上销售渠道。将新零售平台和批发商城的商品相链接后，通过手机客户端和微信小程序推送给居民，居民在线上选购的商品会由配送公司配送到户，将平台服务延伸至"最后一公里"。

第五，设立社区配送服务站，掌控"最后一公里"。

规划成立城市配送服务公司，并设立社区配送服务站。面向客户，送货入户，让市民从新鲜产品、快速配送、高效服务中，得到更多幸福感。

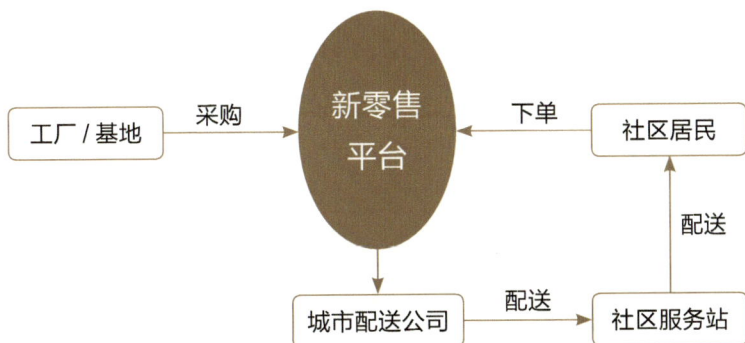

新零售平台服务流程

第六，服务创新，打造安全追溯体系，保障居民健康饮食。

为了保障居民健康消费，企业结合大数据技术，建立科学的安全食品追溯体系，保证城乡居民"舌尖上的安全"，让居民知来源、择优购，为居民健康上一份保险。

构建供应链管理与金融服务平台，赋能于商户

以商贸城为依托，建立批发商城，集合当地批发商户，为批发商户提供共享商品展示、仓储物流服务、金融服务、分销服务、培训服务等，赋能于商户，帮助其降低经营成本、提升经营能力、增加收益。

为了吸引商户入驻，并最终推动供应链管理服务和金融服务的落实和发展，企业推出了多项针对商户赋能服务。

第一，供应链运作最优化，以最低成本满足商户产品供给需求。

对平台供应链的信息流、产品流、资金流、商流进行计划、组织、协调、控制管理，其中包括平台内部的管理，以及企业之间的物流与商业活动管理，使供应链运营体系达到最优化，降低入驻商户的采购、仓储、物流成本，实现入驻商户的利益最大化。

产品质量安全监管

品控及溯源管理

数码防伪

保护产品品牌

产品可追溯查询

产品质量追溯体系

质量追溯体系

第二，提供资金服务，解决入驻商户资金周转问题。

由商贸城所属地产公司作为注资主体，注资 2000 万元，成立商贸流通业互助基金会。入驻商户可以享受互助基金会的资金支持，从而解决自身资金周转问题。

第三，免费入驻，降低商户成本。

为了降低商户的经营成本，商贸城承诺，初次入驻的商户可以享受12 个月的店面免租。通过入驻优惠，降低商户的入驻成本，从而吸引商户入驻，促进商贸城的发展。

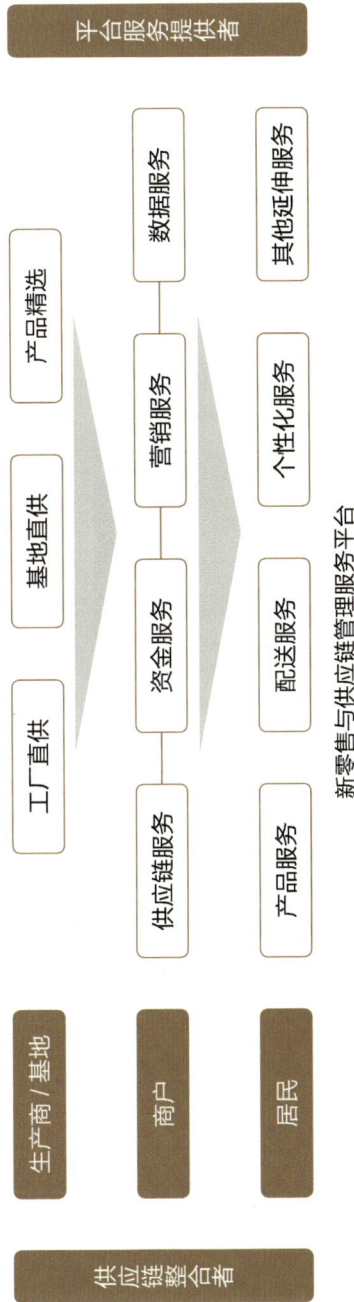

平台服务提供者

| | 产品精选 | 基地直供 | 工厂直供 |

数据服务　　营销服务　　资金服务　　供应链服务

其他延伸服务　　个性化服务　　配送服务　　产品服务

新零售与供应链管理服务平台

生产商/基地　　商户　　居民

供应链整合者

第四，打造共享物流体系，降低流通成本。

整合货车资源，并由平台统一负责调配和养护，打造共享物流平台，以服务入驻商户。通过统一标准实现物流资源的优化配置，提高车辆利用率，消除货运能力对销售的限制。这样一来，入驻商户无须保养货车、聘请司机，整体上降低了商品运输成本。平台还将整合组建装卸团队，全天候服务平台商户。

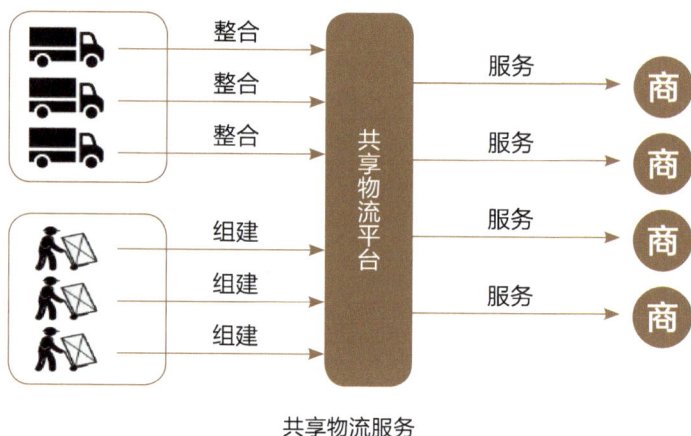

共享物流服务

第五，为商户提供商品展示服务，降低商品成本，促进商品销售。

在商贸城的仓储采购中心设置陈列展示区域，为入驻商户提供免费陈列服务，并承诺5年内不收取陈列费用。该展示区域由商贸城的新零售平台提供统一管理、推广和销售等服务，从而降低了入驻商户的商品销售成本，促进了各入驻商户商品的销售。

第六，成立"小微企业商学院"，赋能于商户，助推商户成长。

成立"小微企业商学院"，邀请行业专家和业内专业团队开展经营、营销、推广等培训活动，帮助入驻商户实现更快、更全、更好的经营转型升级。

新零售与供应链管理服务平台价值

新零售与供应链管理服务平台价值具体体现以下两方面：

第一，盘活了烂尾项目，企业获得新发展。在原项目的基础上，通过模式创新、产品创新、市场创新、服务创新等，盘活了闲置资源。同时，通过项目的建设和运营可以进一步丰富本企业的经营业态和经营模式，并不断驱动企业的发展创新，推动企业进行高质量发展。企业经营规模将得以扩大，服务范围将得以拓展，技术水平和服务能力将得以提高，链接上下游的能力将得以提升，与客户的关系也将更加紧密。

此外，企业整体管理素质得到了强化，表现为人才队伍扩大、员工素质提升，这将使企业竞争能力极大增强。且通过对本项目的建设和运营，企业经营经验会更加丰富，可为未来再发展打下坚实基础。

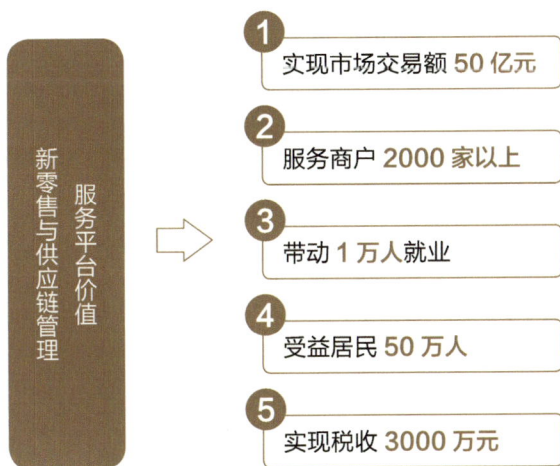

1. 实现市场交易额 50 亿元
2. 服务商户 2000 家以上
3. 带动 1 万人就业
4. 受益居民 50 万人
5. 实现税收 3000 万元

新零售与供应链管理服务平台价值

第二，有利于发展当地经济，增强区域核心竞争力。本项目建成后，将打通商贸流通产业链条，建设安全放心的消费环境，推动消费升级，并建设网络化便民服务网点，调整商品供给结构，拓展服务消费领域，推动传统零售与互联网、大数据、人工智能等新技术的深度融合，实现线上、线下融合发展，为消费者提供更加优质丰富的商品和服务，打造极致的消费体验，最终满足人民日益增长的美好生活需要。

本项目不仅丰富了零售业的发展业态，满足了消费者的多元化需求，还将从服务业增加值、服务贸易增长率、工业产业运营效率、企业管理效率、企业技术创新等诸多方面，为当地经济带来价值远远大于 GDP 的综合效益。与此同时，还将带动商贸业、仓储物流业、社区服务业等第三产业全面发展，对提高当地的经济地位和综合竞争能力，加速推进当地现代化进程，具有重要的作用。

韩都衣舍用"小组制"合伙创业

韩都衣舍公司成立于 2006 年，最初仅是一家淘宝网货品牌，经过十几年的发展，其年销售额已从当初的 20 万元上涨到如今的 15 亿元。韩都衣舍公司的经营理念是"款式多、更新快、性价比高"，企业利用互联网时尚品牌孵化平台，独创了用于内部运营的"小组制"，即"以产品小组为核心的单品全程运营体系"。其发展历程入选了清华大学工商管理硕士、中欧国际工商学院及哈佛商学院高级管理人员工商管理硕士的学习案例库。

何为"小组制"

传统服装公司的组织架构大致会被分四个大的模块：采购、研发、销售、服务。我们通常把它定义为主动控制型管理结构，即老板要做正确的事，员工要把事情做正确。

```
                管理者
              发号施令
            层层传递
        一线团队被动执行
```

传统管理模式

但在这种传统管理结构中，往往存在两个问题。一方面，战略决策与基层执行存在差异，管理者对市场不够敏锐，员工的执行力度不强，部门与部门之间的协作存在摩擦，随着企业越做越大，运营效率也越来越低；另一方面，基层员工工作动力不足，被动执行领导布置的任务，达不到预期的效果。

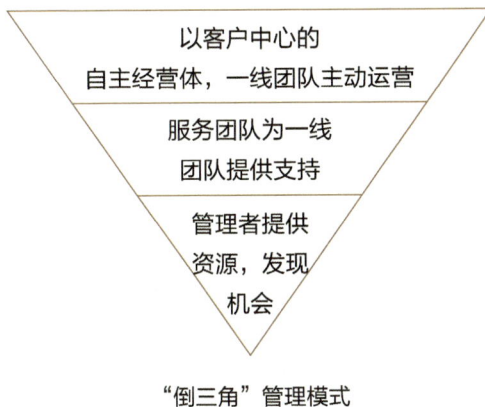

```
        以客户中心的
      自主经营体，一线团队主动运营
        服务团队为一线
          团队提供支持
        管理者提供
        资源，发现
          机会
```

"倒三角"管理模式

韩都衣舍公司创造性地运用了"以产品小组为核心的单品全程运营体系"，即"小组制"。将传统管理模式倒转，形成"倒三角"形的管理模式。将前端小组下沉，赋予他们更多的权力与职责，小组可以直接做决策。公司的高层负责资源整合和服务支持，其工作以辅助小组为主。各小组自行制订计划，持续自主生长，做到全员参与经营。由此，韩都衣舍打造了一支激情奋斗的一线团队。同时，在这样的结构下，小组可以进行复制分裂，不会随着企业的发展而失去活力，只会持续以极高的工作激情帮助企业实现价值。

"小组制"如何实现高效运营

以淘宝网店为基础，将多个部门打散，重新组建为产品小组，使每一个产品小组都有相对完整的执行功能。

将公司的部分"权、责、利"下放给产品小组。首先，产品小组需承担一定的责任，各小组需要根据上年的销售情况制定当年销售任务，同时要完成自己制定的销售任务。其次，产品小组有一定的权利，这些权利包括自主确定款式、自主确定尺码及库存、自主确定基准销售价格、自主拟订活动计划、自主组织打折活动等。最后，公司每天根据各小组获得的利润进行排名，让年轻的员工充满斗志，使整个公司销售氛围一直处于激活状态。

如果授权是事业合伙制的核心，那么考核就是事业合伙制的关键。公司会对小组进行考核，根据考核情况分配资金，小组组长再根据个人表现情况给组员分配资金。有能力的组长会聚集有能力的组员，而运营不善的小组会被淘汰。

在韩都衣舍公司，分裂和组合是一种常态。组长不仅需要合理地分配组员间的利益，还需要从全局把握产品小组的未来成长方向，并关注产品小组成员的个人能力提升情况。在这种机制下，组长大多以老板的思维方式去运营产品小组。

产品小组制有效地提高了运营效率，降低了库存风险。提高运营效率得益于公司充分放权，让小组自行权衡利弊。降低库存风险得益于产品小组对市场变化更为敏锐，能根据变化迅速调整库存，使供需达到动态平衡的状态。在小组考核标准的监督下，小组内的每个人都会竭尽全力让利润最大化。

基于互联网时尚品牌的孵化平台

韩都衣舍公司根据企业发展和小组需求设立了公共部门。以小组为中心，公共部门围绕小组为其服务。但又没有绝对的中心，因为每个小组都会自成一个中心。这就在最小的业务单元上，实现了"责、权、利"的统一，打造出多个公共服务平台上的自主经营体，韩都衣舍公司也以这样的方式培养了大批具有产品思维的团队运营者。

韩都衣舍公司将所有标准化的环节都放进了公共平台，而产品小组只负责非标准化环节。小组在非标准化环节拥有极大的权利，大大降低了创业的门槛，使人们不再需要考虑创业阶段的诸多服务支持工作。韩都衣舍公司通过产品小组的模式，将公司打造成为一个内部创业平台。员工以小组为单位，利用资金和资源，裂变出 300 多个创业型组织，而韩都衣舍公司实际上扮演了孵化器和投资人的角色。

随着产品小组的增多，韩都衣舍开始对每个小组进行细分定位。每 3 ～ 5 个产品小组构成一个大组，每 3 ～ 5 个大组构成一个产品部门，以此实现全品类覆盖。企业通过对大组主管和部门经理实行绩效考核制，以实现对前端的营销状态的把控。自此，每个小组就能在更加专业的领域经营。同时，将经营范围加以区分，避免了绝大部分的内部竞争，使优秀小组愿意分享自己的成功经验，帮扶新人产品小组。

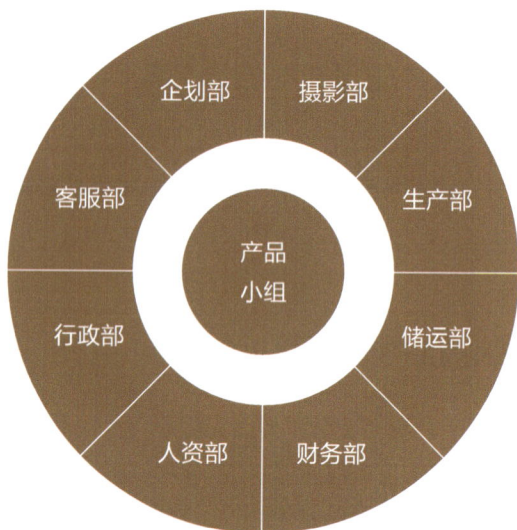

以产品小组为核心的运营体系

多元化的产品结构，使得韩都衣舍单品的库存数量不会太高。与大型服装企业动辄几万单的情况不同，韩都衣舍公司的每款单品最多几千件，这个优势使得韩都衣舍公司的供货调整速度更为迅速。韩都衣舍公司每年的销售率能超过 90%，这在服装行业是很难做到的。韩都衣舍公司将产品分为"爆、旺、平、滞"四种类型，爆款和旺款可以返单，平款和滞款必须立即打折促销，减少季末的恶性库存情况。

在互联网化的今天，企业为了适应竞争，不但要重塑战略、变革模式，更要改变管理体系。**工业时代中的企业"雇佣制"已逐渐消失，企业需要构建新型的组织范式、管理范式，让企业中的每一个个体焕发活力，成为企业中富有激情的价值创造者。**

第二十章　实施战略升级，重建价值体系

富士康从"工艺价值"到"供应链价值"

十多年前的富士康公司，主要为一大批国际客户提供代工服务，如惠普、戴尔、任天堂、索尼、苹果等公司。2007 年，富士康公司开始为苹果公司生产 iPhone 手机，截至目前，市场上 70% 的 iPhone 手机都是由富士康公司生产的。

作为全球最大的电子产业专业制造商，长期以来，富士康公司价值创造的核心就在于其工艺制造水平的不断提升。富士康公司不断挖掘模具制造方法，最终不仅达到了技术上的先进性和经济上的合理性，还创造性地帮助很多客户实现了原本无法实现的创意，使整个工艺过程实现了最大化的增值。这个价值被郭台铭称为"工艺价值"。

从"工艺价值"到"供应链价值"

虽然"工艺价值"成就了富士康公司在代工企业中的地位，但如果分析整个制造产业链上的利润分配，就会发现，富士康公司的"工艺价值"虽然领先于全球制造业，但带来的利润依旧很低，不足以将富士康公司打造成互联网时代的商业巨头。以富士康公司代工的苹果手机为例，富士康公司生产一部手机，所获利润仅为 6.54 美元，而苹果公司及材料供应方，分别至少可获得 360 美元和 180 美元的利润。根据"微笑曲线"价值链理论，富士康公司处于价值链的最底端。

因此，富士康公司需要进行转型升级，并依托其"工艺价值"打造面向未来制造业的供应链体系。

对富士康公司而言，它掌握的技术恰恰是供应链体系中，最难以被替代的那一部分。富士康公司最强大的一项能力就是制作模具，很多企业没有能力制造苹果手机中的零部件，但富士康公司可以做到。很多手机品牌厂商可以设计外观、提出创意，但要将这些创意变成产品，而且在短期内实现大批量生产，需要非常多的制造专利技术和制造设备，这是品牌商的短板，却恰恰是富士康公司的优势。正是在这样的背景下，富士康公司开始在供应链体系中的专业技术领域发力，并悄悄建立了专利池。迄今为止，富士康公司是国内专利最多的公司。

郭台铭曾多次说，富士康公司要维持下去，有三个武器，一是专利，二是工业银行，三是供应链。企业技术唯有以专利为基础，才能帮助企业打造出一个稳定而平衡的供应链关系。

工业互联网时代的供应链管理

在供应链管理领域，企业的预测力和前瞻力至关重要。苹果公司能长期享有超高的利润，其供应链管理能力功不可没。而事实上，供应链管理的核心，就是面向未来进行预测，以及依托预测进行周密的计划。

对于富士康公司来说，打造生态系统，整合上游供应链，并将其打通至客户端，进而创造新的消费需求，降低系统成本，消除每个人的个性化需求与工业化大生产之间的壁垒，正是其接下来面对的挑战。

目前，国内手机厂商的产品品类和型号日益增加，很大程度上，就是在满足不同人群的个性化需求。然而，正因为这是个性化需求的产物，所以每批产品的制造规模都不会太大，相应地，也会增加整个供应链的系统运行难度。另外，每一家企业在产业链上的地位不同，这直接增加了采购上游芯片以及核心部件的周期和成本。这些企业对于苹果公司而言，不仅在产业链中的地位相形逊色，在排期、库存、市场预测等方面都存在很大差距。因此，如何平衡合作中出现的成本与效益问题，合理安排用工，也将是富士康公司不得不考虑的问题。当然，如果富士康公司能够借助生态系统的能力改善上述问题，势必也会进一步提升其在产业链中的地位。

2020年，全球工业互联网领域获得了超过5000亿美元的投资。由于这个市场足够庞大，足以造就万亿元市值的超级巨头。这足以刺激富士康公司从公司产品和服务的全局角度，重构整个供应链体系。

富士康公司研发出自己的工业互联网平台，将其应用到了整个生产流程当中，将公司生产效率提升30%，良率提升15%，生产周期缩短18%，库存周转天数缩短26%，能耗降低20%。

工业互联网时代的供应链管理，需要面对三个核心级的变革。第一，在定制化的趋势之下，供应链的配置和调度将面临更严格的要求；第二，用户对话语权和知情权的需求；第三，需求快速迭代，产品生命周期缩短。而所有这一切，都需要向供应链要效率，要效益。

对于富士康公司而言，若要把握面向终端用户的数据，一方面，需要在供应链上提早布局；另一方面，需要打通供应链与用户之间的关系。这将是其接下来面临的一个重要课题。

富士康公司如何在国际环境中打造全球性供应链？富士康公司擅长完成集合、整合、融合三个方面的事情。富士康公司处理的，不是通常意义上的对象，而是关系，如供应商关系、客户关系、政府关系以及员工关系等。它们把这种关系的处理用到了方方面面，包括技术、产品、供应链、价值链等。正因如此，富士康公司才能在巨头林立的先进制造领域建立独一无二的行业地位。

按照郭台铭的分析，未来，供应链会按美国和中国市场被重新进行

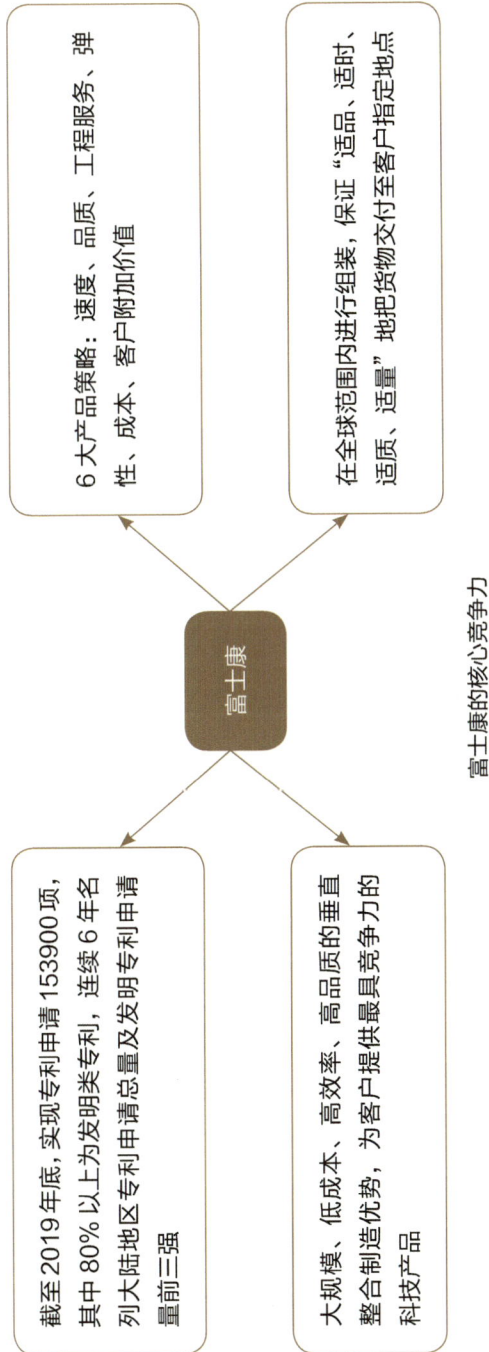

6大产品策略：速度、品质、工程服务、弹性、成本、客户附加价值

在全球范围内进行组装，保证"适品、适时、适质、适量"地把货物交付至客户指定地点

富士康

截至2019年底，实现专利申请153900项，其中80%以上为发明类专利，连续6年名列大陆地区专利申请总量及发明专利申请量前三强

大规模、低成本、高效率、高品质的垂直整合制造优势，为客户提供最具竞争力的科技产品

富士康的核心竞争力

划分。供应链应更具强度和弹性，规模大不再是其唯一胜算。

供应链价值对企业甚至是国家的影响，已经越来越大，这也是富士康公司的供应链价值日益凸显的重要原因。可以预期，打造基于全球平衡关系的供应链体系，将是富士康公司下一步的重要策略。

构架面向全球的供应链体系

对制造业的供应链体系而言，技术变革、用户需求的变化及话语权的增强，创造了新的消费需求，降低了系统成本，打通了个性化需求与工业化大生产之间的壁垒。这意味着"工业定制"将进一步提高对制造业供应链的整合能力和管理能力的要求。伴随着微利时代的到来，用户话语权不断增大，小批量、定制化、短周期、快反应的制造业模式，正在挑战富士康公司既有的供应链体系。

富士康公司的客户大都是要求产品大规模批量生产的国际级企业，仅苹果手机的订单就高达 1.45 亿部。而如今，华为、小米等公司渐渐加入进来，它们的特点是产品品类多，但每一品类的制造量级都不大。

此外，国内厂商供应链的计划性、库存的管理能力，普遍与国际化公司有差距。苹果公司的供应链库存只有三个月，而国内厂商的供应链库存长达一年，这在给供应商带来压力的同时，也为制造商带来了极大的挑战。

其实，对富士康公司而言，这是一个巨大的机遇。如果能抢先一步建立起适应政治环境、技术环境变革的更具弹性的供应链体系，那么富士康公司就将成为人工智能时代的制造业巨头。

富士康公司正在发展区块链金融。区块链中的密码学、共识机制等，将为供应链金融提供技术支撑，以进一步提升富士康公司在供应链所有环节上的驾驭能力。

铝材企业从"生产加工"到"平台化体系"

笔者曾经为一家铝材企业提供过咨询服务，这家企业在过去十多年里一直从事铝材的加工，从上游大型的铝厂或贸易商处采购铝锭、铝棒、铝卷等原材料，将其初加工或深加工后，供应给铝材应用商。这一过程中还要经过各个环节的贸易商，因此整个铝材产业链条非常长。在整个铝材行业的交易结算中，上游采用预付款或及时结算的交易模式，铝材单价较高，使得企业在原材料采购环节需要占用较多的流动资金。而下游普遍存在账期，而且结算周期较长，客户占压货款情况严重，承兑汇票比例过大，导致企业资金普遍紧张。同时，下游企业大多自身缺乏足够的信用担保，融资存在一定难度，导致企业资金时常短缺。

笔者针对铝材行业存在的痛点，从供应链管理和金融两个关键点入手，帮助这家企业在原有电商平台的基础上，构建了涵盖了"物流、信息流、资金流"的"三流合一"的铝材交易平台，将铝材行业的采购、加工、仓储、物流、服务等各个环节整合到平台上。以供应链管理为核心，建立了规模化、一体化、综合化的平台服务体系，打通了铝材产业价值链。以供应链金融为抓手，整合金融机构并帮助下游企业融资，提高了铝材供应效率。铝材交易平台的建立，使得这家企业真正实现了商业模式的创新。

基于该商业模式，未来的公司将立足于铝材行业，**基于铝材供应链管理，以生产加工、集约采购、资本及信息数据为支撑，对上游生产企业进行高效分销，为下游加工企业提供便捷的采购方式。同时，整合金融、仓储、物流等机构，为上、下游企业提供一体化服务**，以达到降低铝材行业上、下游交易成本，提高铝材产业链整体运营效率的目的。

行业特征
- 市场潜力大
- 企业数量多

- 产业链条长
- 区域性强

- 市场化程度高

行业痛点
- 交易成本高
- 行业信息不透明

- 物流重复浪费
- 资金流动效率低

- 交易效率低

核心需求

平台构建、服务升级、产业链整合、供应链优化、深度金融支持是铝材行业未来的发展空间

新的
商业模式

一个平台，六大服务，四大支撑
一个平台：打造一个区域性（未来全国性）铝材交易平台
六大服务：交易服务、物流服务、仓储服务、金融服务、资讯服务、大数据服务
四大支撑：生产加工支撑、集约采购支撑、资本支撑、信息数据支撑

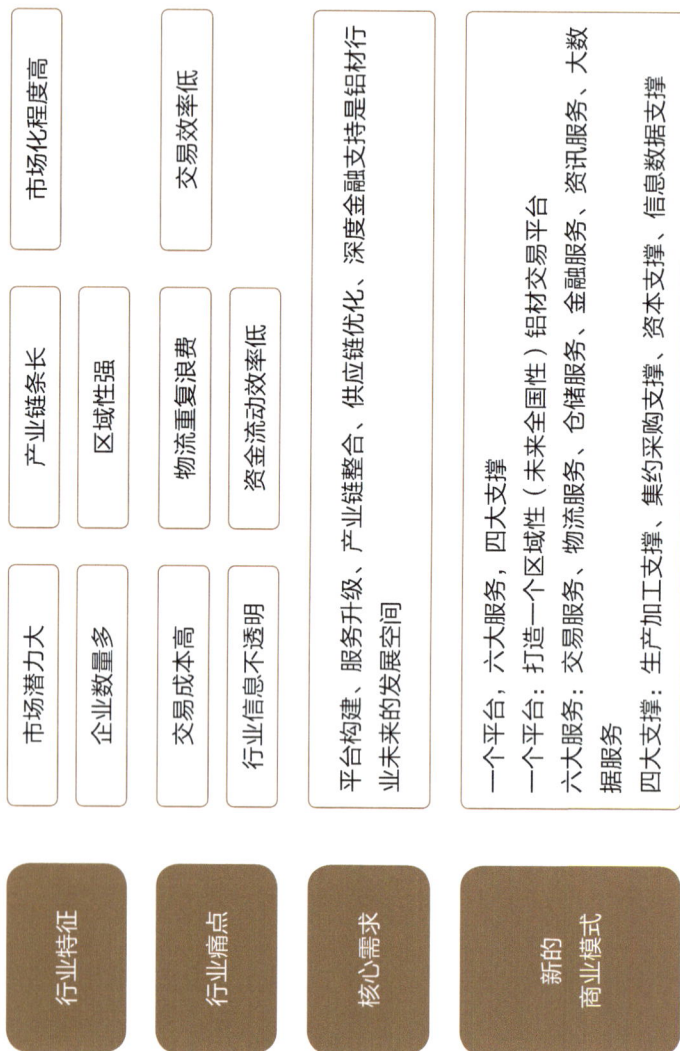

全新战略与商业模式体系

整合上、下游客户资源，导入企业私域流量，形成平台业务流

成立新的交易平台，并整合母公司原有上、下游合作客户资源。与上游客户进行战略合作，吸引其入驻平台；给予下游客户相应的扶持政策，通过服务支持快速整合上线，实现企业私域流量的导入，为平台业务开展奠定基础。

同时，以母公司自有物流和自建仓储为基础，通过控股、合作等方式，合作建设仓库、第三方物流。整合产业链多方合作伙伴，构建交易、物流、仓储、金融、资讯、大数据服务于一体的平台服务体系。满足平台客户的多元化价值需求，拉动平台流量增长，提升客户的满意度和黏性，同时获取相应的合作收益。

通过扩大平台交易规模，拓展多元融资渠道，形成平台资金流保障

新的交易平台通过整合金融资源，争取优惠利率信贷，获取了更多的资金保障。同时，联合商业银行开展供应链金融服务，并引入更多非银行金融机构、社会资金、债权投资人等。拓展多元融资渠道，解决平台发展资金需求问题，借助资本运作，扩大平台交易规模。一方面，可以解决客户资金短缺的问题；另一方面，可以提高平台资金业务的中间收入，实现多方共赢。

新的交易平台为上、下游客户以及交易全过程提供资金及结算服务，为客户定制综合金融解决方案，既能满足上、下游客户资金需求，又能实现互利共赢。构建平台风控管理体系，通过建立第三方资金监管机制，

设定保证金机制，引入专业质检机构，建立平台信用评级机制，构建规范的"四位一体"平台信用机制，以规避交易风险。对平台海量用户数据进行有效分析处理，获得客户画像、交易行为、安全评测等大数据产品，为银行、非银行机构等解决信息不对称的问题，并监控资金管理过程，降低交易商违约风险。

通过持续的平台运营，累积基础数据，形成平台信息流

新的交易平台建立了产品、行业、铝企、产业链等数据模型，通过平台业务流、资金流运转，监测平台客户数据、交易数据、搜索数据、其他行为数据等高价值数据信息，累积平台基础数据，形成平台信息流。

同时与全国交易平台达成合作，实时监测市场动态，并发布铝价、库存和市场交易数据，反映市场实情，为客户提供更专业的价格指数和行业商情报告，提高客户的经营决策效率。运用大数据分析技术，将平台的海量数据信息进行高速、有效的分析处理，为铝材行业客户提供精准需求匹配，以解决铝材行业采购不透明、供应不稳定、库存占用率高、资金需求大等一系列问题，降低了客户的运营成本，提高了客户的运营效率。

新的交易平台以互联网为载体，通过标准化、线上化、数据化、智能化的方式，广泛地连接供应商、采购方以及生产性服务商，实现在线交易、协作、结算。在线下，会按需求搭配高效的供应链运作体系，以线下高效的产品供应，配合线上高效的交易与协作。另外以大数据智能分析、资金账户管理、物流监管等技术为主要风控手段，在交易场景中嵌入供应链金融服务。

在具体的供应链金融服务实施过程中，新的交易平台采用"互联网＋供应链金融"模式，开展供应链金融业务，推出授信、票据和集采服

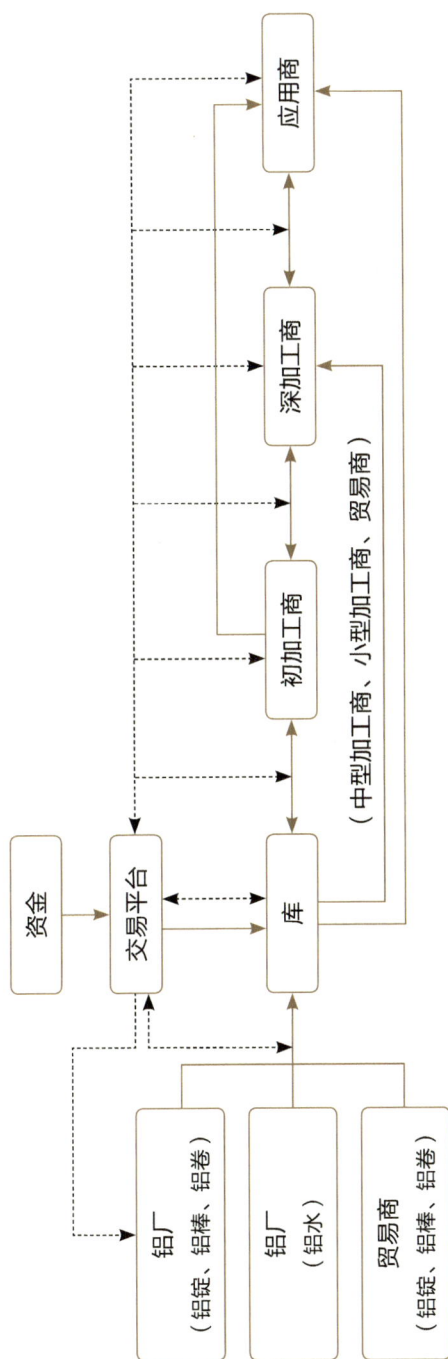

铝材平台的服务体系

务。基于交易平台的上、下游产业链客群的资金需求，针对用户提供授信服务，通过帮企业采购和代企业订货两种方式，为下游采购商提供供应链融资服务。当采购商在这个平台进行采购时，可以通过金融服务，选择适当的产品进行融资。交易完成后，交易平台中会形成真实的交易记录，同时，因为提供融资，产生了应收款，并汇集成了"应收款池"。平台的金融服务可以选择与外在金融机构合作，将"应收款"按项目分批次出售，实现债权转移和资金回笼。

尚品宅配，从"大批量生产"到"个性化定制"

新一轮科技革命和产业变革的蓬勃兴起，使移动互联网、云计算、大数据、物联网、人工智能等新一代信息技术爆炸式发展，改变了人们的消费习惯。"定制"逐渐成为人们的一种生活方式。

个性化消费浪潮到来，定制化成为趋势

在当今消费升级的大趋势下，人们的消费需求正在不断地升级，个性化、小众化、社交化的需求正在不断形成。"80后""90后"人群已然成为市场消费的主力群体，而消费"新生代""00后"已经走在路上，该类群体喜欢个性化、主题化、场景化的消费方式，注重感受，追求时尚。

由于近代工业的发展，家具行业实现了工业化生产。工业化生产的最大优势就在于效率高、成本低、产品标准、品质稳定。然而，随着人们对美好生活品质的追求不断升级与新生代群体消费观念的转变，越来越多的消费者不再像以前那样选购家具，对家具的需求不再局限于功能性。消费者对个性、时尚、环保等方面的更多需求对家具企业的研发、

生产、营销、服务等提出了更高的要求。工业化时代的企业拼成本、拼规模，而消费升级的今天，家具生产企业则要进行个性化设计、柔性化生产，既要兼顾工业化的高效率、低成本，又要满足消费者的个性化需求。

一些市场观察人士敏锐地意识到，个性化消费趋势对家具生产企业而言，意味着"用户思维"时代的到来。尚品宅配公司迅速响应个性化消费时代的用户需求，随着定制行业的快速发展而迅速崛起。

从 B2C 模式到 C2B 模式，通过大数据破解家具定制化服务难题

未来，越来越多的企业的商业模式会从 B2C 转为 C2B。以用户需求为主导的定制化必将成为趋势，家装行业也是如此。

1994 年，不甘于现状的华南理工大学教师李连柱成立了广州圆方软件公司，企业主要从事装修和家具设计软件的开发。在那个应用传统经营模式的年代，尽管圆方公司的软件产品实用性很强，但当时的家具企业却并未认可其软件价值。于是李连柱决定利用先进的软件技术，通过定制化生产的方式，进入家具行业，并于 2004 年，创立了尚品宅配公司。与传统家具企业的 B2C 模式不同，公司成立之初，就选择了 C2B 模式，推出了家具个性化定制业务。

为了能够为消费者提供更多的个性化家具选择，尚品宅配公司广泛地收集、分析信息，积累了数千个楼盘、数万种房型的数据，并通过云设计和大数据技术，建立了"房型库"。目前，尚品宅配公司的房型库，涵盖了我国 90% 以上的房型。此外，尚品宅配公司还将设计师的成功案例导入系统，建立了"方案库"。与此同时，尚品宅配公司开发打造 3D 网络体验商城新居网，在线上向消费者展示公司的产品和定制化生活空间，让消费者可以体验到公司产品的实际呈现效果。依托"房型库"的

数据资源，新居网为消费者提供了成千上万的样板房模型，消费者可根据个人的户型图以及房间形状、长度、宽度、窗位、门位等，搜索、查找由专业设计师设计的各种风格、各种价格的家具解决方案。再结合家庭成员组成、职业、生活习惯等，消费者便能找到自己喜欢的家具风格，同时还能够实现自主设计家具的消费体验。

构建线下服务体验系统，实现线上、线下双轮驱动

尚品宅配公司为消费者提供的是定制化服务，因此需要安排专业的设计师上门量房、设计等。以新居网、微信公众号、第三方电商平台作为尚品宅配公司的线上营销平台，并通过与百度、腾讯、今日头条、京东、天猫等互联网企业进行流量合作，促进公司线上客服与潜在消费者进行沟通、互动，并在线上获得为消费者提供免费上门量房服务的机会，从而把消费者吸引到线下，通过线上、线下协同服务，达成交易。

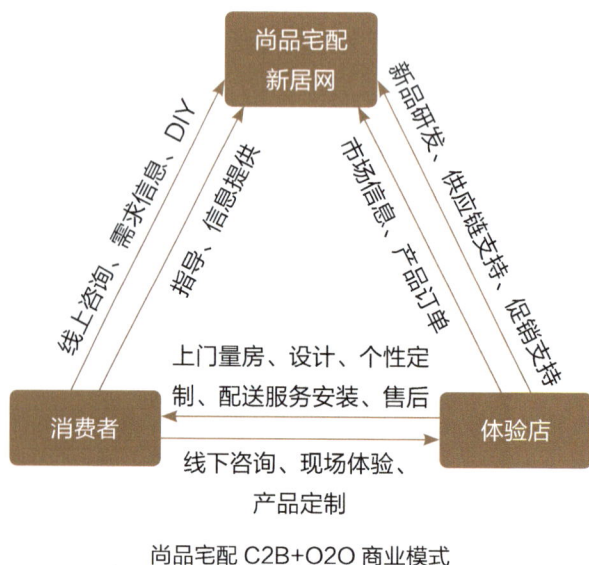

尚品宅配 C2B+O2O 商业模式

为了促进线上流量转化，尚品宅配公司构建了一个庞大的线下服务体验系统，为消费者提供产品体验、量房、设计家具解决方案、配送安装、售后等服务。截至2018年底，尚品宅配公司已经建立起了2200家"直营店＋加盟店"模式的线下实体店，与新居网形成了无缝对接的O2O模式，为消费者打造了多元化的消费体验，实现了定制家具的线上营销与线下服务。

柔性生产化解个性化定制与大批量生产的矛盾

通过大数据分析，可以更加准确地了解消费者的需求，从而为消费者提供更加适合的家具解决方案和个性化设计方案。然而个性化设计与批量生产之间，天然存在着难以逾越的屏障。定制化家具设计是少而精服务，每一个订单都是个性化的，企业无疑将面临生产周期、出错率、生产成本三者的此消彼长。而大批量生产则是高效快速、低成本的标准化流水生产模式。大批量个性化定制生产是一把双刃剑，它虽然满足了消费者的个性化需求，但是无法实现高效、低成本的快速生产及服务。因此，企业需要解决个性化服务与大批量生产之间的矛盾。

尚品宅配公司之所以能够在定制化家具领域取得成功，是因为提出了柔性化生产解决方案。柔性化生产化解了个性化定制和大批量生产之间的矛盾。

尚品宅配公司将信息化与工业化深度融合，推进智能化制造，公司内部将其称为尚品宅配"工业4.0"。尚品宅配公司运用自主开发的软件，结合信息化技术，对数控设备实施技术升级改造，并利用虚拟制造技术，经中央处理中心对客户订单进行审核、拆单、排产。首先，尚品宅配公司将来自全国各地的订单统一录入中央处理中心系统，中央处理中心系统会自动将单个订单拆分为各种规格的零部件、板件等最小产品单元子订单。软件系统按照效率最大化原则，将一定数量的同类零部件、板件合并成一个加工批次，安排生产。与此同时，尚品宅配公司还把二维码引入生产体系，每一个零部件、板件上都会自动生成一个带有信息属性的二维码，即它们的"身份证"。生产完成后，根据这些二维码对同一订单零部件产品进行分拣、打包。二维码的应用让生产、分拣、入库、物流以及最后的安装，都有"证"可循。

尚品宅配公司按照批次而不是客户订单组织生产，有效地化解了定制家居个性化与大批量生产之间的矛盾。有关数据显示，通过柔性化生产系统，尚品宅配公司生产部门的生产能力比普通生产车间提高了18倍，材料利用率从70%提高到90%以上，生产出错率从30%下降到3%以下，交货周期也缩短到10天左右。

定制家具很好地满足了消费者的个性化需求，但是也出现了不少的"限制"。比如当定制家具出现问题时，商家的退款流程复杂，不能很好地解决售后服务问题。因此，在实现个性化定制和柔性化生产之后，能否让客户对交易全程感到满意，且无后顾之忧，将是影响尚品宅配公司乃至定制家具行业能否实现稳定发展的关键因素。

经济环境的变化、增长方式的转变、新兴技术的应用等，无不说明，我们正处在一个大变局的时代。经常有人说，变化太快了，企业还未来得及改变就已经出局。不确定性、多变性、复杂性都是当前企业面临的问题。2020 年年初，突如其来的新冠肺炎疫情，让很多企业措手不及。很多企业家开始焦虑与惶恐，极为迫切地想要找到企业的转型之路。企业在当前环境之下进行重塑与变革，成为发展的第一要务。

事实上，过去的经验已经不再适用，企业发展和增长的逻辑已经在环境的冲击之下发生了巨大改变。"线性思维"被"网络思维"取代，"公司"被"平台"取代，"有边界"被"无边界"取代，"竞争"被"协同"取代……因此，我们在审视企业发展情况时不仅要从市场、经营、投资的视角，还要以社会、哲学的视角，打造一家有"温度"的公司。

转型升级对于企业而言，是一个痛苦的过程，这意味着打破过去所有赖以生存的方式，去寻找一条不曾尝试过的道路。谁能够大胆尝试、勇于改变，谁便将涅槃重生。毫无疑问，那些奔跑在行业前沿，能够对环境变化做出及时应对的企业，都不会太差。事实上，有些企业已经在改变中取得了阶段性胜利，其创新的方式和方法值得大家借鉴。

经常有企业家问我，如何改变？企业发展变革是一个系统性工程，并非三言两语就能描绘得清楚。《盐铁论》中讲道："言之非难，行之为难。故贤者处实而效功，亦非徒陈空文而已。"意在表达，任何事情嘴上说说并不困难，但真正做起来才会感到困难。清朝名臣曾国藩曾讲道："天下事，在局外呐喊议论，总是无益，必须躬身入局，挺膺负责，乃有成事之可冀。"意为，无论干什么事情，光是站在局外讨论，注定都是没有用的，必须积极投身到其中，挺起胸膛担负责任，才有可能实现目标、收获成功。所以，对于企业而言，任何形式的变革都必须"躬身"实践，才有可能达到既定的目标。

在过去的几年时间里，我曾为数以万计的企业家做过培训，为数以百计的企业做过顾问，本书中的很多案例来自我以往工作经验的总结，也来自那些勇于变革的企业家给我的启示，我非常了解，一个企业的创新与转型需要具备什么样的条件和要素。把这些创新的经验、知识分享给广大的企业家朋友，便是我撰写此书的目的。希望读者能够在本书中汲取营养，那便是我最大的欣慰。

最后强调的是，任何企业在创新的路上都不要忽视本心，创新的形态有千千万万，但是创新的本质却独一无二，那就是以客户为中心，创造客户价值与社会价值！

希望读者勇于挑战，积极探索，精益创业，对未来充满期待与信心。心中有梦，梦终会实现！

最后，感谢我的团队成员王召飞、曹刘霞、赵国伟、李叙、潘丽霞、毛晓飞在我撰写此书的过程中给予支持！

石泽杰

2020 年 6 月　北京